# 在心集

三民叢刊 263

彭歌 著

三民書局 印行

# 寫在前面

彭歌

「萬化根源總在心」，是明代大儒王陽明先生的名句。

我自己也有此體會，人生的波動，國家的治亂，世界的安危，總其根源，都在人心。因取「在心集」為本集之名。

近十餘年卜居舊金山近郊，風清月白之夕，頗得閉門讀書之樂。臺灣的藍綠斑駁，美國的朝野角力，以至大陸上的世代交班，似乎都離我很遙遠了。

王勃有謂：「老當益壯，寧移白首之心，窮且益堅，不墜青雲之志。」君子守道，從一而終，這是我的心境情懷，在心一語，如是而已。閒居以來，讀書寫作不敢稍輟，亦一樂也。

蘇東坡是大文豪、大詩人、大書法家；恭讀東坡全集，體會到他論政的卓見高識，特別是強調「結人心，厚風俗，存紀綱」，就是到今天看來，依然是不磨之論。將評蘇的「雄視百代，氣高天下」一文列為卷首，不僅是敬重其人，更是仰慕他忠言直諫、憂國憂人的情懷。

本集中收錄的作品，涉及文學、歷史、人物、思想，表面看來似不相聯屬，但其中心脈絡則在於「萬化根源總在心」這句話，心中所有，筆端湧出，惟此一片純情丹心，以報讀者。

二〇〇三年三月十日於舊金山灣

# 在心集

## 目次

### 輯一

## 輯二



## 輯三

# 輯一

# 雄視百代　氣高天下

## 蘇東坡的論政三言

集文章、詩詞、書法於一身的文學天才蘇東坡，在現實政治上卻是一個澈底的失敗者，屢遭貶謫，甚至曾被遠謫至海南島。但是他的政治議論和主張，卻一直受到後世人們的崇愛和敬仰，尤其是結人心、厚風俗、存紀綱的論政三言，更是震鑠古今，百代不衰。

東坡居士蘇軾，為北宋一代名臣，更是我國文學史上震鑠古今的大家。他的文章、詩詞、書法千古流傳，都屬第一流。集數美於一身，的確是了不起的天才。

在東坡逝世七十餘年之後，宋孝宗為他的文集作序，強調「成一代之文章，必能立天下之大節；立天下之大節，非其氣足以高天下者，未之能焉」。稱揚東坡的文章志業，文不少衰。力斡造化，元氣淋漓。窮理盡性，貫通天人。山川風雲，草木華實，千彙萬狀，可喜可愕。有感於中，一寓之於文。雄視百代，自作一家。渾沌光芒，至是而大成矣。」

這篇序文，略得大體，尚不足以代表坡公在文學藝術上輝煌成就的全貌。不過，由此亦可見，東坡不僅是一位了不起的散文家、詩人，在政治上也有他的理想和貢獻。所謂「養其氣而剛大，尊所聞而高明」，「知言自況於孟軻，論事肯卑於陸贄」，都著重於推崇他在政治方面的才華和建言。

總括東坡的一生，最重要的成績當然在文學藝術。不過，他對於當時的政治，也有很多精闢的見解。文集中論及時政者甚多，其中〈上神宗皇帝書〉，可稱為代表作。

宋神宗以英年繼位，銳意興革，講求富國強兵之道，起用王安石為相，厲行變法。王安石負才傲物，獨排眾議，手段過於激烈，行事未免苛刻，而進用之人亦多非其才。所以東坡曾進諫神宗，「陛下生知之性，天縱文武，不患不明，不患不勤，不患不斷；但患求治太急，聽言太廣，進人太銳。願鎮以安靜，待物之來，然後應之。」神宗頗為動容。事傳於外，「安石之黨不悅」。

此後便有這篇長達萬言的〈上神宗皇帝書〉。重點在說明新政之偏失，對國家、對人民之不利；而以三點作結：「臣之所欲言者，三言而已。願陛下結人心，厚風俗，存紀綱。」這是全文的主旨和精華。

王安石的熙寧變法，中外學者論列者甚多。最近讀到龔弘先生〈叛逆的政治天才王安石〉一文（中副，七十七年十二月廿八日），所論甚為持平。王安石固一時賢者，文章器識，決非庸流可比。但是他個性偏執（所以後來的小說家，把他形容為「拗相公」），一朝大權在握，深得君心，就一意建立他私人的勢力圈。當時反對新政者，如韓琦、富弼、歐陽修、文彥博、司馬光等，都是極負重望，著有功勳的元臣；另外，蘇氏父子等許多優秀的知識分子也不贊成新政。而王安石重用的呂惠卿等，後來證明都是急功近利、忘恩負義的小人。因此熙寧變法引起的擾攘，乃由政策方向之爭，變為君子與小人的對壘。在新政失敗，王安石罷相之後，他最親信的呂惠卿竟然落井下石，幾欲置安石於死地而後快。司馬光早有所見，事前對王安石諄諄告誡，而安石智不及此，終為小人所欺。這是安石的不幸，而宋室亦因此元氣大傷。

東坡上書神宗，時在熙寧四年，東坡三十六歲，仍屬「青年才俊」之列。但由此文觀之，其主題極正大，立場極堅定，而進言忠忱委婉，深合溫柔敦厚、謀國至誠之旨；並無少年氣盛之失。熙寧四年（一〇七一年）去今已九百餘年。當時的社會背景、政治情況，當然都與今完全不同。文中所評論的時政，具體的如青苗、均輸等法，早已成為歷史上的陳跡。但是，東坡所殷殷致意者，即「結人心，厚風俗，存紀綱」這三言，推之古今中外，仍是施政時的重要原則。

政治是管理眾人之事，離不開人心、人情。東坡是熱情的文學家，所以立論更多從人情出發。他進諫神宗，勿貪一時之功而行險徼幸，不要誤以為忠厚即是迂闊，要重視臺諫，常隨天下之公議。雖然在九百多年之前帝王專政體制之下，東坡不可能有近代的民主思想，這是時代的局限；但其立論大旨，代表著孔孟以來崇尚道德倫理，以仁愛寬厚為懷的大傳統，完全是基於東方的人本精神。

東坡的建言，雖然受到神宗的重視，但實際上卻並未得到立即的效驗；而他這一番「剛而不餒」的議論，反使他自己一再遭受放逐排斥和打擊。所謂「放浪嶺海，侶於漁樵」，便是他晚歲的遭遇。

然而，好人畢竟是好人，君子畢竟是君子，「不可奪者，嶢然之節。莫之致者，自然之名。經綸不究於生前，議論常公於身後」。所以儘管他在現實政治上是一個失敗者，但他的議論和主張，終能「聲融金石，光溢河漢。耳目同是，舉世畢知」，千載之下，依然受到人們的崇愛和敬仰。

發人間之至情，論政理之得失，東坡這篇文章，不僅是有宋政治史上的重要文獻，也應該說是理解中國人與中國政治中人本主義精髓的寶貴參證。

東坡痛論「結人心」之必要，引述《書經》上的話說，「予臨兆民，懍乎若朽索之馭六馬。」用一條敝舊的繩索駕馭六匹奔馬來比喻治理人民，可以想見其事之難。所以他接下去解釋這段話的精義云：「言天下莫危於人主也。聚則為君臣，散則為仇讎。聚散之間，不容毫釐。故天下歸往謂之王，人各有心謂之獨夫。由此觀之，人主之所恃者人心而已。」這是領導統御的最高原則。

領袖要得到民心的擁護其施政才能長久，不能光注重富強。東坡舉出相秦的商鞅為例：「商鞅變法，不顧人言，雖能驟至富強，亦以召怨天下，使其民知利而不知義，見刑而不見德，雖得天下，旋踵而亡。至於其身亦卒，不免負罪出走，而諸侯不納，車裂以徇，而秦人莫哀。」

## 和易同眾　以結人心

結人心，必先明輿情。「是以君子未論行事之是非，先觀眾心之向背。……自古及今，未有和易同眾而不安，剛果自用而不危者也。」這種話當然是千古顛撲不破的至理。

儒家的政治哲學，注重人情，所以孔子說，「欲速則不達。見小利則大事不成。」孟子更說，「其進銳者其退速。」都是告誡為政者，不可躁切以求功，而要能順應人心，作根本之圖。

## 智者所圖　貴於無迹

神宗用王安石執政，設立「制置三司條例司」為立法機構，以求富強。東坡慨言，這種在體制之外惟求速效的構想，「不由中書，則是亂世之法。」

東坡據此提出下面這一頗為動人的議論，他說：「智者所圖，貴於無迹。漢之文景，紀無可書之事。唐之房杜，傳無可載之功。而天下之言治者與文景，言賢者與房杜。蓋事已立而迹不見，功已成而人不知。故曰，善用兵者無赫赫之功。豈惟用兵，事莫不然。今所圖者，萬分未獲其一也，而迹之布於天下，已若泥中之鬬獸，亦可謂拙謀矣。」

從史實來說明政治的基本道理，是要實實在在做事，而不在時時出花樣，慕新奇。漢代的文帝與景帝，世稱「文景之治」，都以休養生息、為民作福為主。所以在他們的本紀裡，似乎沒有甚麼值得大書特書的事情。唐代的房玄齡、杜如晦，皆一時賢相，可是他們的本傳裡似也沒有甚麼出奇制勝的功勞。而房謀杜斷，卻實實在在地成就了「貞觀之治」。漢唐是中國國勢最為盛強的時代，文景兩帝，房杜二相，也成為後世嚮往賢良政治的楷模。他們的共同優點之一，就在於「智者所圖，貴於無迹」。從照顧全局為出發點，穩穩當當，腳踏實地去做。管理眾人之事是經常的、全面的、千頭萬緒的工作，要把握大方向、大原則，不可為了一時便宜而出花樣，使民眾無所信從。

王安石的新政，一方面是在正常體制之外別立機構，引用私人；一方面是多立名目以增加政府的收入。立意雖然都在富國強兵，而實際的影響卻大違初意。

對人事方面，東坡特別批評「事少而員多」和「人輕而權重」這兩種弊象。他指出：「夫人輕而權重，則人多不服，或致侮慢以興爭。事少而員多，則無以為功，必須生事以塞責。陛下雖嚴賜約束，不許邀功，然人臣事君之常情，不從其令而從其意。今朝廷之意，好動而惡靜，好同而惡異，指趣所在，誰敢不從。臣恐陛下赤子自此無寧歲矣。」

這番道理講得十分透徹，尤其「人臣事君之常情，不從其令而從其意」這一句話，更是一針見血。煌煌法令或政策宣示，是明的、公開的一面；但有些為人臣者，窺伺顏色，揣摩上意，甚至曲道逢迎，然後從中取利，這是最可怕、也最會誤大事的。不幸的是，這種情形，古今中外的政治圈子中幾乎都是「代有傳人」。

對於當時朝廷「好動而惡靜」，加以有些官吏又「生事以塞責」，東坡皆一一指陳其失。譬如增加稅目一事他提出忠告，強調立法要慎之於始：「聖人立法，必慮後世。豈可於常稅之外，別出科名？萬一不幸後世有多欲之君，輔之以聚斂之臣，庸錢不除，差役仍舊，使天下怨讟推所從來，則必有任其咎者矣。」

自孟子以降，儒家的政治理論都是民為貴，君為輕；治國養民，則以輕傜薄賦為要。東坡反對安石新政，不僅因為其加重稅賦，增加人民負擔，又多立名目，別開聚斂之門，這是要對歷史負責任的。

所以東坡力請廢除新法，並舉出漢高祖的有名故事，接受張良的諫言，打消了酈生分封六國之後的錯誤建議。「古之英主，無出漢高，酈生謀撓楚權，欲復六國。高祖曰，『善，趣刻印。』及聞留侯之言，吐哺而罵曰，『趣銷印。』夫稱善未久，繼之以罵。刻印銷印，有同兒戲。何嘗累高祖之知人，適足以明聖人之無我。陛下以為可而行之，知其不可而罷之。至聖至明，無以加此。」這自然是很動聽的恭維話。

結語則反駁那些堅持施行新政的議論：「此乃戰國貪功之人，行險徼幸之說。陛下若信而行之，則是徇高論而逆至情，持空名而邀實禍。未及樂成，而怨已起矣。臣之所願結人心者，此之謂也。」基本上，就是要深諳人情，做到合情合理，輕重緩急，各得其宜，方是真正的「結人心」。

## 道德寬大　以厚風俗

東坡所謂「厚風俗」，是歷代重視政治倫理的高度發揮。用現代的語彙來表達，即指國家的基礎，在於社會的和諧。而和諧之道，在於道德。

東坡的主要論點是：「夫國家之所以存亡者，在道德之淺深，而不在乎強與弱。曆數之所以長短者，在風俗之厚薄，而不在乎富與貧。道德誠深，風俗誠厚，雖貧且弱，不害於長而存。道德誠淺，風俗誠薄，雖強且富，不救於短而亡。人主知此，則知所輕重矣。是以古之賢君，不以弱而忘道德，不以貧而傷風俗；而智者觀人之國，亦必以此察之。」

國家能富能強，應該是好事，但若祇是「急於有功而貪富強」，其結果不但是欲速不達，且往往禍起不測。東坡舉出若干歷史上的實例，最顯著的是「富如隋，強如秦，西取靈武，北取燕薊，謂之有功可也，而國之長短，則不在此」。秦隋之年祚，都不過兩世即亡。

所以，東坡進一步來分析：「夫國之長短，如人之壽夭。人之壽夭在元氣，國之長短在風俗。世有尫羸而壽考，亦有盛壯而暴亡。若元氣猶存，則尫羸而無害。及其已耗，則盛壯而愈危。是以善養生者，慎起居，節飲食，導引關節，吐故納新，不得已而用藥，則擇其品之上、性之良、可以久服而無害者，則五藏和平，而壽命長。不善養生者，薄節慎之功，遲吐納之效，厭上藥而用下品，伐真氣而助強陽，根本已危，僵仆無日。天下之勢，與此無殊。」

這段話仍在勸誡不可急功就利。為政之理，必須平和寬厚，揆諸史實，是沒有甚麼

「速成」竅門的。

所以東坡更說，「古之聖人，非不知深刻之法可以齊眾，勇悍之夫可以集事。忠厚近於迂闊，老成初若遲鈍，然終不肯以彼易此者，顧其所得小而所喪者大也。」他舉出歷代賢相良吏，如曹參、黃霸、謝安、崔祐甫等人，都因「道德寬大」，故「其聲翕然」。

東坡更以親身經歷，對宋仁宗的施政加以檢討。在往昔專制時代，能夠說得這樣露骨痛切，更可見出東坡之忠藎與敢言。東坡說：「我仁祖之御天下也，持法至寬，用人有敘，專務掩覆過失，未嘗輕改舊章。然考其成功，則曰未至。以言乎用兵，則十出而九敗。以言其府庫，則僅足而無餘。徒以德澤在人，風俗知義，是以升遐之日，天下如喪考妣。社稷長遠，終必賴之。則仁祖可謂知本矣。」

下面一段話，則隱然針對王安石而發：「今議者不察，徒見其末年，吏多因循，事不振舉。乃欲矯之以苛察，齊之以智能。招來新進勇銳之人，以圖一切速成之效，未享其利，澆風已成。」

東坡推崇仁宗的「持法至寬，用人有敘」為知本，理由相當充實：「自古用人，必須歷試。雖有卓異之士，必有已成之功。一則使其更變而知難，事不輕作；一則待其功高而望重，人自無辭。」又進一步說明，「大抵名器爵祿，人所奔趨。必使積勞而後遷，以明持久而難得。則人各守其分，不敢操求。今若多開倖進之門，使有異外之得，公卿侍從，跬步可圖，其得者既不以僥倖自名；則不得者必皆以沉淪為恨。使天下常調，舉生妄心，恥不若人，何所不至。欲望風俗之厚，豈可得哉？」這是從世道人心論政風士習。「故近歲朴拙之人愈少，而巧進之士益多。」

王安石行新政，為司馬光等老臣所反對；不得不進用呂惠卿等「巧進」之流。以至互為援引，結黨成私。正因用人不當，大失民心，令政治風氣亦為之敗壞。

東坡以漢文帝不肯重用賈誼為例說，「賈生固天下之奇才，所言亦一時之良策」；然而賈誼自請派任外藩去征討匈奴，生擒單于，「則是處士之大言，少年之銳氣」。從前漢高祖率三十萬大軍出戰，結果被圍於平城，「當時將相群臣，豈無賈生之比？」若文帝輕信他的獻議，天下殆將不安。「使賈生常歷艱難，亦必自悔其說。用之晚歲，其術必精。」文帝的慎重，正是使他不會輕用疏狂的賈誼。

賈誼之後，另一個頗有才氣的人是晁錯，東坡說此人「尤號刻薄」；景帝任晁錯為御史大夫，在他手中，「紛更政令，天下騷然。及至七國發難，而錯之術亦窮矣。」由於晁錯的輕率刻薄，引起七國之亂，幾乎使國家分崩覆亡。東坡舉此為鑑，並且說，「文景優劣，於此可見。」

總結史實，東坡的建議是，「以簡易為法，清淨為心，使姦無所緣，而民德歸厚。臣之所願厚風俗者，此之謂也。」

政風與士風民風，互為影響。東坡立論既然是在批評王安石的施政和用人，他更根本的道理，則著重在提倡忠誠、厚重、朴拙的風尚，「愛惜風俗，如護元氣」。人皆守分守法，有恥有格；國基深厚，遠比一時的事功更為切要。

## 鼓勵諫言　以存紀綱

東坡的最後一項建議，就是「存紀綱」。他所謂存紀綱，決不是治亂世、用重典，嚴刑峻法之類，而是著重在諫官職責的充分發揮，略有近世尊重「言論自由」之意。若諫官果能確實反映民情，指陳得失，政治上便不至於有重大的缺失。

東坡指出，「古者建國，使內外相制，輕重相權。如周如唐，則外重而內輕；如秦如魏，則外輕而內重。」用現代術語來說，「內」近乎中央集權，「外」則近乎地方分權。

「內重之弊，必有奸臣指鹿之患」；這是引用秦代趙高指鹿為馬之例。「外重之弊，必有大國問鼎之憂」，唐代的強藩割據，即屬此類。

宋代政制，鑑於五代之失，所以「重內」。「聖人方盛而慮衰，常立法以救弊。」賦籍總於計省，重兵聚於京師。由於中央政府權力集中，要特別防範「奸臣指鹿之患」，所以對於言官特示尊崇。

「歷觀秦漢以及五代，諫爭而死蓋數百人。而自建隆以來，未嘗罪一言者。縱有薄責，旋即超升。許以風聞，而無長官。風采所繫，不問尊卑。言及乘輿，則天子改容；事關廊廟，則宰相待罪。故仁宗之世，議者譏宰相但奉行臺諫風旨而已。」建隆是宋太祖的年號。也就是說，宋代建國以來，沒有一個諫官因為抨彈時政而被難的。這是宋代政局的一大特色。

東坡認為，「蓋擢用臺諫，固未能皆賢，所言亦未必皆是；然須養其銳氣，借其重權者，豈徒然哉？將以折姦臣之萌，而救內重之弊也。夫姦臣之始，以臺諫折之而有餘；及其既成，以干戈取之而不足。」所以，朝廷紀綱，莫大於此。要由言官之敢言，不使奸慝成為尾大不掉之局。

安石推行新政之初，雖已物論沸騰，民怨交集，而重臣賢士排抵一空，言官都是執政私人，人主孤立偏聽，這種情形是很危險的。所以東坡強調：「為國者平居必常有忘軀犯顏之士，則臨難庶幾有徇義守死之臣。苟平居尚不能一言，則臨難何以責其死節。人臣苟皆如此，天下亦曰殆哉！」這與近代人主張新聞自由、言論自由，有其一貫之理。

有人耽心，言官如果批評太多，將有傷和諧。東坡力駁此說，他認為，「君子和而不同，小人同而不和。和為和羹，同如濟水。故孫寶有言，周公上聖，召公大賢，猶不相悅，著於經典，而不相損……若使言無不同，意無不合，更唱迭和，何者非賢。萬一有小人居其間，則人主何緣得以知覺？臣之所謂願存紀綱者，此之謂也。」

在這篇萬言書的結尾處，東坡重複他以前對神宗陳述過的話，「但患求治太速，進人太銳，聽言太廣。」後面這三點，尤其「求治太速」，正是神宗的弱點。東坡的建言，可謂深悉人情，洞明事理了。就人本主義的精神而言，政理不外乎人情。東坡這番議論，即在今日讀之，仍可令人感到他進言之勇與謀國之忠。所謂一代文宗，信非偶然。

一九八九年「中央日報副刊」

# 創格完人　千秋功罪

## 鄭成功與施琅的歷史評價

明末鄭成功崛起於危亂之際，國脈民命，繫於一髮。他能號召義士，集結忠良，打出一番新局面；更且以寡擊眾，以弱克強，轉戰濱海，深入內陸；復明大業，一度曾有輝煌成果。然後驅逐外夷，光復臺灣，其孤忠大義與英謀遠略，稱之為民族英雄，實當之無愧。

康熙帝說過：鄭成功「係明室遺臣，非朕之亂臣賊子」。到了同治十三年，福建船政大臣沈葆楨上奏，請為鄭成功追諡，並於臺郡敕建專祠，「俾臺民知忠義之大可為，於勵風俗、正人心之道，或有裨於萬一。」經奏准在臺灣府城（今臺南市）建祠；香火鼎盛，俎豆千秋。

祠成，沈葆楨手撰楹聯，極得史家筆意：

開萬古得未曾有之奇，洪荒留此山川，作遺民世界；
極一生無可如何之遇，缺憾還諸天地，是創格完人。

鄭成功壯歲領軍，奉大明正朔，秉忠義大節，英名遠播。來臺灣之後，斬荊棘，闢草萊，立兵法，辟刑獄，起學宮，計丁庸，文治武備，教化傳揚，生產改進等等，都是空前的作為。稱之為「萬古得未曾有之奇」，不為過分。

論鄭成功之一生，先有甘心投降作漢奸的父親，後有嫌隙成仇、終身為敵的朋友；在他英年早逝之後，兒孫輩又不能繼志承烈，善守巖疆；終至戰敗歸降，正是長使英雄淚滿襟的「無可如何之遇」；這種缺憾，誠非人力所能挽回的了。沈葆楨惋嘆之餘，稱之為「創格完人」，實可見後人對他的尊敬與同情。

按鄭成功逝世於康熙元年（一六六二年）；沈葆楨奏准建祠在同治十三年（一八七四年），前後相距二百一十二年。物換星移，人事代換，往昔的敵對關係，勝敗不同的立場，至此已經泯化無形。留下來的祇是在大中國文化傳統中對忠義大節的欽仰，對歷史英雄之崇拜。

鄭成功是一位失敗的英雄，與中國人奉為軍神武聖的關羽、岳飛相同。而國人對鄭成功的崇敬，自昔已然，於今尤盛，正如丘逢甲先生詩中所謂：「撐起東南天半壁，人間還有鄭延平。」耿耿精忠，千古稱頌，正是「不以成敗論英雄」。蓋以成敗或有一時偶然之倖，氣節則萬古常新，永遠值得後世懷念、效法。鄭成功的一生，不僅光耀臺灣開發時期，也足為中華民族生色。

至於施琅其人，近人雖有主張為他重定歷史地位，但這翻案文章很難下筆。中華民族的歷史上下五千年，聖賢豪傑，不世而出；大奸巨憝，亦時有所見。後人品評歷代人物，如果選出一千人來，不會包括明末清初的施琅；選出一萬人來也不一定包括施琅。可是，以臺灣史為範圍，無論從甚麼角度著眼，施琅都是一個必須談到的人物。

連雅堂先生的《臺灣通史》，自卷二十九至卷三十六，均為「列傳」，凡八卷。「列傳一」是以顏（思齊）、鄭（芝龍）列傳為始，次為寧靖王（朱術桂）列傳，諸臣（文淵大學士路振飛等文武臣屬一百一十餘人之姓名）列傳，諸老（沈光文、徐孚遠、張煌言等二十餘人）列傳。特別重要而單獨立傳者，則為陳永華（曾被鄭成功許為「今之臥龍也」）和劉國軒（為明鄭抗清的最後一代主將）。

「列傳二」的第一篇，就是〈施琅列傳〉。於此可見在臺灣開闢之後，施琅其人其事對當時與後世的發展，確有極大的關係。至於是非功罪，他至今仍是一個備受爭議的人物。

多年前臺灣發生「美麗島事件」。在審判過程中，被告之一的施明德曾向法庭申述：「舉行這樣的抗議活動，是害怕當政的國民黨裡頭，會出一個施琅，把臺灣賣掉。」施琅背主降敵，反目成仇的陰影，想不到在三百餘年之後竟又浮現出來。

## 結仇與投降

施琅，是出身卒伍的梟強人物，福建晉江人。生於明熹宗天啟元年（一六二一年）。當明朝末代皇帝思宗因流寇李自成攻陷京師而自盡之後，史可法奉福王為帝，不到一年福王被擒。黃道周等擁立唐王於福州，成立流亡政府。時年二十五歲的施琅，先後追隨黃道周和鄭芝龍，是一員頗受器重的青年將領。

鄭芝龍見明室難期復起，降清自保。其子成功在安平起兵，即臺灣歷史上開疆闢土的英雄延平郡王。施琅投效成功，參與抗拒清兵的大業，所部數千人，據守金門廈門一帶，頗有戰功。

鄭芝龍所部崛起海疆，往往劫掠商旅，形同海盜，軍中紀律是談不上的。鄭成功興起義師，治軍極嚴。當時有人批評他執法過苛，不近人情，但是，鄭成功堅持的方針是：「立國之初，法貴於嚴，庶不至流弊，俾後之守者易治。」這一主張本極正確；但鄭氏與施琅的衝突，卻由此而起。

施琅少壯從戎，所受詩禮教化不多，惟號稱知兵，平日專斷自負，目無餘子。他與鄭成功發生衝突的導火線大致是，施部有一士兵犯了罪過，逃往鄭成功大營避禍，被施琅查明擒回。鄭成功得報後，急急派人傳令「勿殺」。施琅自以為功高權重，不遵命令，把那標兵處死了。

鄭成功大怒，下令收捕施琅和他的家人。施琅乘夜間逃走，更激怒了鄭成功，將他的父親施大宣和弟弟施顯處決，結下了血海深仇。

施琅藏身荒山，將要餓死。幸而遇到一名鋤園的佣兵，聽聞過他的名氣，給他找來食物，並送到舊識蘇茂的家中。稍後，施琅由蘇茂協助，得以逃脫，投降了清軍。鄭成功曾下令四處搜拿施琅，並且說，「此子不來，必貽吾患。」可見在鄭成功心目中，施琅殊非等閒碌碌之輩。「必貽吾患」的預言，後來果真不幸而言中。

## 鄭經與三藩

鄭成功抗清復明的奮鬥，以大義號召天下，初期開展順利，一度且師出崇明，克江陰，破瓜州鎮江間的滾江龍壩，直逼南京。不幸中了梁化鳳緩兵之計，功敗垂成。此後回師東南，驅除荷蘭人，取臺灣作為根據地。

鄭成功當時對諸將提示治臺的方針與光復的遠略：

> 為治之道，在於足食。足食之後，乃可足兵。今賴皇天之靈，諸將之力，克有茲土，豈敢為晏安之計……今臺灣土厚泉甘，膏壤未闢，當用寓兵於農之法，庶可足食而後足兵。然後觀時而動，以謀光復也。

可知其足食足兵的方略，著眼點不僅在確保臺澎，更有志於收復大陸。

清康熙元年（一六六二年），鄭成功一病不起，英年逝世，年僅三十九歲。其子鄭經繼位，才略遠不及乃父。所幸有陳永華、周全斌、馮錫範等重要幹部，輔弼有人，維持了安定的局面。

投降滿清的施琅，此時已升為水師提督。次年，從征金廈，以軍功加右都督。康熙四年，掛靖海將軍印，疏請攻臺。他是降將之中主張最力的「主戰派」。

不過，康熙採取的是持重的懷柔政策。主要因為天下粗定，仍有強藩環伺，而雲南的平西王吳三桂，廣東的平南王尚可喜，福建的靖南王耿精忠，都與鄭經互通聲氣，希望能聯合作戰。三藩本皆明室叛將，各有相當武力。吳三桂曾引清兵入山海關，更自以為有大功於清廷，不免驕悍恣睢，深為清廷所忌，後來果然有削藩之舉，至康熙十二年（一六七三年），便起了「三藩之亂」。

吳三桂據雲南、貴州、四川三省起兵，致鄭經書中說：「今天下大舉，正千載一時，乞速整貔貅，大揚舟師。逕取金陵，或抵天津……復累世之大仇，洩天人之共憤，快何如之。」

三藩都祇有陸軍，聯絡鄭經的目的除了張大聲勢之外，更著眼在臺灣的水師，可以作為進攻時的奇兵。

三藩之降清與翻覆，都是為了小我的功名利祿，不過是亂世中漢奸型的軍閥而已。鄭經對吳三桂的回應，比這些軍閥的見解要高明多多。鄭經覆書云：

> 頃閱臺命，欲伸大義於天下，不勝欣慰。然敢獻一言：自古成天下之大業，必先建天下之大義。以殿下之忠貞，而擁立先帝之舊裔，則足以號召人心，而感奮忠義之士，不穀亦欲依日月之末光，早策匡復之業也。枕戈待旦，以俟會師。

鄭經的這一主張，以擁立明室宗裔為號召，在當時的環境中，確有其政略上的意義。可是，唯權利是視的三藩，計不及此。共識不立，互信不生，這陸海聯合作戰的構想自無法落實。

在清廷方面，把三藩之亂看作心腹大患，而臺灣畢竟是海外偏師。在三藩之亂未平時，戰略上暫不與鄭氏為敵。

## 武力征臺論

早在康熙七年，施琅曾再上疏提供對臺的方略，認為「招撫」無效，力主武力討伐。施琅首先指出：由於鄭經在臺灣，致使五省濱海地方畫為界外。「東南膏腴田園及林產漁鹽，最為財賦之藪，可資中國之潤，不可以塞外風土為比也。」這是從經濟與財政觀點來看攻臺之必要。

其次，論鄭氏勢力復興之可慮：「鄭成功之子有十，遲之數年，並皆長成。若有一、二機智才能，收拾黨類，結連外島，聯絡土蕃，羽翼復張，終為後患。」

然後分析雙方的兵力。施琅提出的統計，在明朝末年，澎湖百姓五六千人，原住臺灣者二、三萬人。隨鄭成功到臺灣的官兵眷口三萬有餘，鄭經後來率領來臺者約六七千人。不過，經歷年來病故傷亡者五六千，作戰陣亡和被俘者亦有數千，相繼投誠者數百人。此時的兵力，不滿二萬人，船隻大小不及二百。「雖稱三十餘鎮，皆係新拔，並非夙練之才」。

施琅又針對臺灣的領導階層的能力作了評估：「鄭經承父餘業，智勇不足，戰爭匪長。各鎮亦皆碌碌之流，不相聯屬，而中無家眷者十有五六，豈無故土之思乎？」

於是他提出「因勦寓撫」之法：

> 鄭經之得馭數萬之眾，非有威德制服，實賴汪洋大海，為之禁錮。如一意招撫，則操縱之權在乎鄭經；若大師壓境，則去就之機在於賊眾。是為因勦寓撫之法。

具體的步驟，便是「先取澎湖，以扼其要」；然後「分兵南北，次第攻擊，可取萬全之勝」。對於在沿海各省如何練兵，如何籌餉，施琅都有具體的籌策，可謂「志在必得」。

但是，康熙的廟算已定，先詔施琅入京，聽取他的說明；一面升他的官（授內大臣），同時裁去水師提督，而且將沿海的戰船全部焚燬，「示無南顧之意」。此自為「和平統戰」的手法，降低了鄭軍敵愾同仇的鬥志。

## 兄弟鬩於牆

至康熙十七年，吳三桂死，三藩之亂已近尾聲。

康熙二十年，鄭經病逝，卒年也是三十九歲，與其父英年早喪的悲劇相同。鄭經在世時已命長子克壓監國。克壓非嫡出，一說是螟蛉義子，是陳永華的女婿，英明果斷，頗有乃祖之風。為政得體，深獲民心。但在鄭經死後，諸弟揚言：「克壓非吾骨肉，一旦得志，吾屬無遺類矣。」得到董夫人同意，收監國印，「克壓既出別室，諸弟夜命烏鬼殺之。妻陳氏殉。」這位英明有為的繼承者，在宮廷權力鬥爭中犧牲了。

繼立的是鄭經的次子克塽，當時年僅十二歲，以叔父鄭聰為輔政公（此人以「貪而懦」出名），軍國大事則由顧命大臣劉國軒主之。陳永華已於年初逝世。

這樣的政局演變，使清廷得到了進攻機會。大學士李光地奏言：「經死，克塽幼，諸部爭權，攻之必克。」並力言施琅長於海戰，才可專閫。閩浙總督姚啟聖也大力薦舉。

於是施琅再任福建水師提督，加太子太保。整頓舟檝，將大舉出師。次年七月，彗星見，廷臣以天心示警，疏請緩伐臺灣。事實是，對於臺灣應撫應剿，意見仍未一致。在戰術上，當時海上都賴風帆為航，沒有機動船舶，所以究竟是應乘南風或乘北風而動，中央的部臣與統馭方面的督臣，都別有見地，與施琅不同。於是康熙有詔，止軍待命。

從康熙四年到廿一年，隔了十七年。施琅心心念念就是這一件事。所以，那一年他上奏剖白，力爭應乘南風進剿。照他的計畫：「夫南風之信，風輕浪平，將士無暈眩之患；且居上風上流，勢如破竹，豈不一鼓而收全勝？」力排眾議，不成不止。

奏摺中有一段話特別值得注意：

> 臣年六十有二，血氣未衰，尚堪報稱。今若不使臣乘機撲滅，再加數年，將老無能，是以臣鰓鰓必滅此朝食。如蒙皇上信臣愚忠，獨任臣以軍事；令督撫二臣催載糧餉接應，俾臣整頓官兵，時常操演，勿限時日，風利可行；則出其不意，攻其無備，何難一鼓而平。

從這段陳述中，可以想見施琅之所謂「愚忠」，就是不惜以斬絕鄭氏遺脈、斷送明室復起之望為代價，達到他報仇洩憤的目的。

## 乘南風而動

康熙二十二年春，施琅治軍閩海，李光地聽取很多人的意見，都說「南風不利行軍」，然後再向施琅求證。施琅的答覆，即是水師攻臺的戰略中心思想。他說：

北風猛烈，入夜更甚。自此至澎，魚貫而行，幸而不散；然島嶼悉為敵踞，未能一鼓奪之，無可泊舟。風濤振撼，軍不能合，將何以戰？若夏至前後二十餘日，風微夜靜，海水如練，可以碇泊。聚而觀釁，舉之必矣。故用北風者邀倖於萬一，而南風則十全之算也。

然而，觀諸後來的戰況，用南風其實也並不是「十全之算」。成敗勝負之間，仍有相當高的徼幸成分；鄭軍最後的失敗，有許多因素，不可完全歸於一場戰役的結果。

## 澎湖的海戰

是年六月十四日，施琅親率水師發銅山，會於八罩嶼（今澎湖縣望安鄉），進窺澎湖。鄭軍以正總督劉國軒為主帥，假節行事，鎮守澎湖，指揮精兵二萬人。國軒判定六月中旬有颱風來，陣前形勢有利於守軍。

從六月十六日黎明接戰之初，鄭軍氣勢甚盛，施琅令猛將藍理、曾誠等七船，突入鄭軍船隊，「焚殺過當，濺血聲喧。時南潮正發，前鋒數船為急流分散。鄭師復合，兩翼齊攻。」藍理被砲彈打中，腸流肚外，以裂帛裹起來繼續作戰。施琅拚命去救藍理出圍，「亦集矢於目」，可見戰況之慘烈。

六月廿二日，施琅將船團分為八隊，每隊七船，皆三其疊。他自己親統一隊，居中指揮，以八十餘舟為後援，東西兩路各五十舟分頭並進，以求決戰。

關於這場海上決戰的經過，在〈施琅列傳〉和〈劉國軒列傳〉裡，都有生動的記述。而其關鍵正在風向之轉變；史家命筆之意，似在暗示這是天命與氣數，非戰之罪也。

> 將戰，有風從西北來，滃浥蓬勃，逢迎清軍，士皆股栗。鄭艦居上風，國軒麾之。

這一天，自黎明激戰至正午，鄭軍發火矢噴筒，清軍總兵朱元貴戰死，林賢重傷。但此後風向轉變，形勢漸於鄭軍不利，重要將領林陞、邱輝、江勝等數十人皆沒；焚燬大小戰艦一百九十四艘，損兵一萬二千餘人。「國軒知勢蹙，乘走舸自吼門出，以入東寧

（即臺灣）。澎湖既破，克塽遂降。」

## 臣主與仇敵

鄭成功開府臺灣，三代相繼，共二十三年，延長明祚者二十二年。至此明亡。

康熙二十二年八月十八日，施琅在海戰決勝之後，以征服者的姿態到臺灣，曾獻祭於成功之廟，並概述心境：

自同安侯（指鄭芝龍）入臺，臺地始有居民。逮賜姓（指鄭成功，成功陛見隆武帝時，帝賜姓朱）啟土，世為巖疆，莫可誰何。今琅賴天子之靈，將帥之力，克有茲土。不辭滅國之罪，所以忠朝廷而報父兄之職分也。但琅起卒伍，於賜姓有魚水之歡，中間微嫌，釀成大戾，琅於賜姓，剪為讎敵，情猶臣主。蘆中窮士，義所不為。公義私恩，如是而已。

言畢淚下。這段話差可反應出施琅內心的矛盾。他自二十餘歲得罪降清，直到六十二歲才實現了他報仇的誓言，所謂「不辭滅國之罪」，可見他自己也明白，「忠朝廷而報父兄」不能解脫叛國背主的譴責。「蘆中窮士」，用的是伍子胥的典故。他是特地來此一祭，並且保全了鄭氏的後裔，「公義私恩」，祇有在這樣的情況下求得調和。

施琅平臺灣，捷書到北京，康熙大喜，把身上的御袍脫下來作為獎賞，並封施琅為靖海侯，仍領水師提督事。施琅活到七十六歲。

在施琅擊敗鄭軍之後，清廷「以臺灣險遠，欲墟其地」。當時清廷雖然打了勝仗，卻並未認識到臺灣的真正價值。自皇帝以至諸王大臣，大多數意思是不必守亦不可守，不如棄之。所謂「欲墟其地」，就是把軍民撤出，一任臺灣荒蕪下去。施琅乃上〈臺灣棄留疏〉，陳述許多理由，力陳不可棄。這一意見幾經爭議，最後被清廷採納了。近年大陸治史者頗注意台灣史乘之研究，對施琅的事蹟，大致多認為他「有功於統一」而予以肯定，多少是為了「時勢所需」吧？

## 忍矣，施琅！

然而，中國人之論史論人，還有其更高的標準。人倫道義，乃千古不磨的尺度。

連雅堂先生在列傳之後，每有詳簡不同的評語，亦約如《史記》裡的「太史公曰」，或《資治通鑑》裡的「臣光曰」。在〈施琅列傳〉之後，有很簡潔的幾句話：

連橫曰：施琅為鄭氏部將，得罪歸清，遂藉滿人以覆明社，忍矣。琅有伍員之怨，而為滅楚之謀，吾又何誅？獨惜臺無申胥，不能為復楚之舉也。悲夫！

不論施琅如何自辯，他總脫不了明室叛臣降將的罪名。尤其是在傳統上重視華夏與夷狄之辨，他不能站在忠於國家民族的立場，竟變節降敵；為了個人報仇，用盡一切心機；一方面練兵海上，時圖窺伺；一方面分化滲透，吸引鄭軍部屬變節，削弱反清復明運動的聲勢。他與督臣姚啟聖曾有爭議，姚啟聖主張招撫，施琅堅持武力解決，其中大有私人恩仇意氣在。

所以，連雅堂先生對他那「忍矣」的評語，意即殘忍苛毒，可謂誅心之論。

報載，鄭成功的第十一代孫鄭志中，一九九〇年歲末來臺，可能定居。據他說，在福建故鄉，父老相傳，由於施琅背叛了鄭成功，直到現在，鄭姓與施姓仍不通婚。年深日久，這種禁忌已經沒有多少意義；不過，由此亦可使我們理解到民間對施琅其人其事的觀感如何了。

一九九一年三月《歷史月刊》

# 歷史小說
## ——《曾國藩》

最近讀了一部很出色的長篇歷史小說，唐浩明先生著的《曾國藩》。嚴格地說，還不能說是「一部」，因為作者的計畫是一部三卷，現在由黎明文化公司出版的，是上、中二卷。這兩卷中，包括曾國藩開始訓練團勇，到清軍曾國荃部攻克南京，太平天國政權崩潰為止。至於下卷，聞已大體完成，再加整理，近期即將出版。唐先生應法國科學院之邀，目前在巴黎研究。

現年四十四歲的唐浩明，湖南衡陽人，力學有成，是大陸上中青輩學者裡傑出的人才，他從一九八四年，負責編輯《曾國藩全集》。他發現，由曾氏門人和子弟早先刻印的《曾文正公全集》，雖享名已久，其實並不全。典藏於曾氏故里湖南湘鄉荷葉塘的檔案材料，極為豐富；由唐浩明主編的新版《曾國藩全集》，即以荷葉塘收藏的資料為依據，「字數在一千五百萬左右，為原刻本的三倍。」在花費了許多時間，詳細研閱這些史料之後，唐浩明認為，「曾國藩是個博學多才，勤奮刻苦、嚴於律己、意志堅毅、行事謹慎，善於審時度勢，長於知人善任的人物。」

除此之外，尤為可貴的是，「他能正視西方世界，看出他們的優點長處，最早提出向西方學習、徐圖自強的口號，並奏請選派幼童出洋學習。他是近代中國洋務運動的始祖，為中國走向世界作出了貢獻。」這一段評語，在中國大陸目前正徘徊在改革、開放，與保守、禁錮之間，拿不定主意的時候，更可凸顯曾國藩當年的眼光識見。

因此，作者認為曾國藩「是一位值得作家們為之濃墨重彩描繪的歷史人物」。這部約百萬言的長篇，便是作者精心著意、濃墨重彩留下的畫像。曾國藩是值得、也經得起這樣描繪的人物。

當代的中國人，對於曾國藩可能有極其不同的看法和評價，相當矛盾，甚至是絕對兩立、不可調和的兩種評價。

我們印證孫中山先生的傳記，就知道中山先生童年時發生反滿清、反帝制的思想，最早就是聽到有些太平天國失敗以後、流落民間的老兵們，講述兩廣起兵，金陵開國的故實。中山先生肯定了洪秀全諸人初期排滿革命的努力。因此，對於為清廷效力，最後更擊破太平軍、敉平反清勢力的曾國藩，當然會視為反面人物，甚至可說是大漢民族的叛徒。

不過，在國民革命蓬勃開展，定鼎開國之後，中國國民黨人負起政治上的主導責任。回頭來再看那一段歷史，乃有了不同的評價。洪秀全領導反抗滿清，廢除清廷的若干秕政，確有積極的貢獻。可是，太平天國靠了擷取外國宗教的枝枝節節，排斥中華民族幾千年的傳統文化，倫理風俗，這是根本的錯誤。一旦稍有規模，內部爭權奪利、血肉紛飛；對於民間疾苦，未見有何興革。所以，太平天國最後的覆敗，與其說是戰略戰術上的錯誤，不如說是政略上、文化上犯了致命的錯誤。

中山先生的信徒們，到了自己在政治上負起重責大任的時候，就更能正視文化道統的嚴肅意義。先總統蔣公在黃埔練兵時期，已經取《曾胡治兵語錄》為教材了。洪秀全之排滿革命，固然是開一代之先聲；曾國藩書生平難，不僅是為清室江山，危而復安，有中興之目；更重要的則在維護「五千年文物衣冠」孔孟道統，對抗太平天國天父天兄那一套從外國移植而來的制度。如果當時洪秀全真能混一宇內，取清廷而代之，雖然有恢復大漢民族光榮的意義，但對中華文化之傳統，則不免是一大逆流與反動。沒有民族文化為根柢的民族革命，猶如無源之水，無根之木，其最後的失敗乃屬必然。

正是從這個觀點來看，《曾國藩》這部書乃有其特殊的意義和價值。在今日的中國大陸上，有人用正面的態度去評估曾國藩的歷史功過，而非依據階級專政的觀點，完全出之於否定的、一筆抹煞的態度，可說是一大轉變。十年二十年之前，這是不能想像的事。我個人認為這是一種進步的趨向，很有意義。

以下要說明《曾國藩》上、中兩卷的主要內容和傳主的略歷。

曾國藩，字伯涵，號滌生，湖南湘鄉人。生於清嘉慶十六年（一八一一年），卒於同治十一年（一八七二年）。幼年得祖父星岡公之撫愛，五歲讀書，九歲讀畢五經，廿四歲鄉試得舉人，以詩文名著鄉里，次年至京師會試落第，留北京讀書，精研經史，留心經世之學。三年後（道光十八年）成進士。初以檢討典試四川，再轉侍讀，累遷禮部右侍郎、兵部左侍郎，咸豐二年，典試江西，丁母憂回籍。長篇小說《曾國藩》就從他回鄉奔喪開卷，展開了此後的故事。

在上卷裡，曾國藩回鄉奔喪，在寧鄉被太平軍所虜，又被人認出，幸得在岳州初結識的康福援救，逃脫虎口。（按，書中出現的人物，包括清廷和太平天國雙方的軍政首長，都是實有其人。）唯這康福及其弟康祿，是作者「依據歷史可能性創作的」。兄在清營，為曾國藩的親信幹部；弟為太平軍中的要角。作者藉著這兩兄弟的對立，「意在暗示湘勇、太平軍之間的鬥爭，其實是兄弟間互相殘殺的悲劇」。

太平軍猛攻長沙，鏖戰八十餘天而無功，於是繞過長沙，長驅北進，攻下武漢三鎮；然後沿江而下，奪取兩岸重要城鎮，更佔領江寧，建都立國，打出了太平天國的名號與清廷分庭抗禮。

滿清的軍隊都已腐化，戰力薄弱。湖南巡撫張亮基奏請在長沙辦團練，邀請在籍守制的曾國藩主辦其事，在朝命和好友郭嵩燾等人力勸之下，曾國藩墨絰從公，到長沙充任幫辦團練大臣。開始了他後半生戎馬疆場的生涯。

不久，張亮基調署湖廣總督，駱秉章回任湖南巡撫。曾國藩按明代名將戚繼光練兵之法，嚴格教練，軍容整肅，但亦因此與湖南綠營結怨，被迫遷往衡州。

曾國藩在衡州花了一年時間，練成水陸二十營一萬人，首次出師靖港，在銅官山遇伏，損失慘重，曾國藩悲憤交集，在白沙洲投水自盡，被眾人救起。

幸而副將塔齊布在湘潭十戰十捷，挽回了聲勢。然後用奇計裡應外合，攻下武昌、漢陽。又在田家鎮燒斷太平軍橫江鐵鎖，湘勇聲名大振。

可是，在江西戰場上與勁敵石達開對壘，連遭三次大敗，困於南康。此時的曾國藩，一方面受到江西官場的排擠，同時也已受到朝廷的疑忌，暗地派人監視其動靜。在此內外交困之際，曾國藩忽接其父逝世的喪報，立即回籍奔喪。

上卷六六四頁，分為十一章，就寫到這兒為止。

中卷四七五頁，分為八章。從進軍皖中，總督兩江、強圍安慶，以至最後天京大火，洪秀全自焚，乃至審訊被俘的忠王李秀成；這是曾國藩功業最盛的一段，也就是平定太平天國之亂的主要過程。太平軍崛起於兩廣，縱橫東南，到後來十多個省份裡都有它勢力的滲透。曾國藩以書生起兵，用非正規軍一萬人起家，發展到湘軍十二萬人，勝過了清廷主力的八旗和綠營，這過程當然很不簡單。

最後一章「殊榮奇典」，寫到清廷對曾氏的疑忌與防範，同時也寫到部屬們不時發出「東南半壁無主，大人其有意乎」的試探。其說詞雖不一致，主要論點都在：「先下手為強，後下手遭殃，趙匡胤都能黃袍登基，大人功德巍巍，天下歸心，何不趁此機會，光復漢家河山！」

他的弟弟曾國荃、謀士王闓運、親信幹部彭玉麟、胡林翼、左宗棠等，或正面建議，或側面試探，主旨都在說服曾國藩把握時機，自創新局。但是曾國藩最後的決定是：「倚天照海花無數，流水高山心自知。」

曾國藩的決定有其「現實」的顧慮，湘軍十二萬再加淮軍等部，在江、浙、贛、皖四省佔有絕對的優勢，但清廷已佈置了官文、馮子材、都興阿等環伺四周，尤其是僧格林沁的蒙古鐵騎虎視眈眈，湘軍萬一有反側之舉，大軍即將四面合圍。在舊日部屬同僚之中，左宗棠、沈葆楨，都已位列督撫，戰功赫赫，朝廷竭力籠絡，擴大裂縫，就為了達到分而治之的作用。曾國藩認為，如果湘軍要有所舉動，第一個站出來反對的，「一定便是目空一切、睥睨天下的左宗棠」。

他也懷疑，心高氣傲、倔強跋扈的曾國荃，很可能就是「燭影搖紅」的趙光義。

當然，更大的顧慮在於義理，三十年前的農家子弟，「如今貴為甲侯，權綰兩江，聳動四海，名重五嶽」，皆出於皇家，借助他給自己的一切，「又來背叛它、反對它，良心何在？人心何在？」即使反清成功，等於推翻了過去所說「忠誠敬上」那些理論。一生抱負，千秋名節，「都絕對不容許他曾國藩有絲毫不臣之念。」

所以，曾國藩不能也不敢自樹一幟，有多重因素，在中卷裡，著重寫出曾國藩與敵方，即楊秀清、陳玉成等；與朝廷方面，即慈禧、肅順等；與地方大吏和部將僚屬如苗沛霖、左宗棠、沈葆楨等之間複雜的矛盾之爭。特別是在又敵又友之間的微妙關係，作者寫得十分生動而盡情。

下卷起自戰爭初年，曾國藩為解除朝廷對他的疑忌，所以裁減湘軍，擴充以李鴻章為實際領導人的淮軍，奉命北上剿滅捻匪作亂，最後在江寧任所病逝。這是全書的「結局篇」，曾國藩封侯之後，朝廷上是位極人臣，勳望日隆；在民間也都認為他是中興名將，靖難功臣。可是，平捻之功未竟，處理幾件涉外的案件，得不到朝野的支持和諒解，到了動輒得咎的地步；終於不得不在「外慚清議，內疚神明」的自責心情下，悒然病故。作者的用意，在於「通過曾國藩個人的悲哀，揭示近代中國的悲哀」。此可謂之史筆，歷史小說應該達到這樣的境界。

作者唐浩明的身世，亦頗有傳奇性。他是唐振楚先生的公子。四十年前，大陸局勢惡化，振楚先生當時是一位出仕未久的年輕公務員，鑑於大局動盪，政府播遷未定，所以只好把年幼的兒子留在故鄉。不料父子乖隔，一別就是四十年。

振楚先生學養深厚，忠謹勤恪，早年在先總統蔣公幕府中，後來曾歷任考選部長、總統府副秘書長等要職，人品學問，都深受各方敬重。

留在大陸上的兩個兒子，因為家庭關係吃了不少的苦。兄長翼明，先是受到中共政策上的限制，不准升學。文革以後才得努力自修，「改革開放」之後，憑學力到美國哥倫比亞大學深造。受教於東亞所名教授夏志清博士的門下。志清先生一九九一年年滿七十歲，於五月四日退休，唐翼明便是他指導之下得博士學位最後一位，所謂「關門弟子」。五四那天，「聯合報副刊」曾有他們師徒寫的文章，很有意思。

至於唐浩明，亦即《曾國藩》的作者，他的成長過程與乃兄頗有不同。翼明是「黑五類」家屬，浩明則自幼寄養在親友家中，過的完全是「無產階級」的生活，連姓名都改了。在文革風暴之後，他才知道自己的身世。因為他的「成份好」，反而得到受教育的機會。成年後潛心文史研究。這部歷史小說，就是副產品。近應法國學術界邀請參加研究工作，卜居巴黎。

我國文學傳統上，「歷史小說」是重要的一支。在臺灣，近二三十年來寫歷史小說最有成就的是高陽先生，他的專長也正在晚清時代。所以，如果細評《曾國藩》，高陽兄當是最適當人選。

我讀過之後的觀感是：

第一、作者對於史料的研讀參閱，深度與廣度都令人敬佩，而其運用剪裁之妙，尤見慧心。以具體事實為架構，而又有適度而合情合理的穿插，以增強歷史的氣氛與闡釋，守住了「歷史小說」的分際。

第二、因為曾國藩是近代史上有大成就、亦有大爭議的人物，我仔細鑑賞作者筆下，並沒有故意加以美化或醜化；雖然作者一直在大陸上受教育、研究、寫作，他卻並沒有把現成的、御用的「無產階級」觀點套在歷史人物頭上。這一點，就遠比某些大陸作家高明多多。像姚雪垠的《李自成》，仍是以階級觀點籠罩一切，所謂人情善變，事理是非，全都被階級觀而曲解了。那只能說是政治宣傳品，而不是小說。

正因如此，年輕一輩如唐浩明的寫作，忠於藝術的態度就特別值得肯定與讚揚。希望這反映出大陸知識界的新的心理趨向。

第三、唐浩明的書，因為能破除了框框條條，既能維持「去史實未遠」，也能作到在合情合理範圍內去瞭解人生。他對情節的鋪敘，人物的刻劃，都極用心。他不逞小聰明，不露小才氣，這部書的寫成倒也與曾國藩所強調的「誠拙」很相近。

此書三卷超過百萬言。在流行「輕薄短小」的今天，自是出版界一樁值得稱道的盛事。黎明文化公司印行此書很有眼光。黎明的書，過去編校都有相當水準，但《曾國藩》一書錯字不少，希望今後再版時能予以改正。

一九九一年六月一日《歷史月刊》

# 海淀王先生

「海淀王先生」就是吳延環先生，在敵後歲月裡，他常化裝易容，隱姓埋名，他假扮過銀行行員、扮過鐵路工人、扮過農民、糧商，「幹一行，像一行」，不至於穿幫，為了避難，也曾化裝為和尚，躲過敵人耳目……

## 淪陷區的學生流行「到裡邊去」

那年我十七歲，也許是十八歲，記不太清楚了，總之是自以為可以「橫行天下」的年齡，不知道甚麼叫作「怕」。

但是，當時的環境，卻又不能不叫人駭怕——那是在七七事變好幾年之後，珍珠港事件剛剛爆發未久，日本人統治之下的北平城。

為甚麼覺得可怕？因為日本軍閥的爪牙——各種名目的軍人、憲兵、特務，以及漢奸狗腿子，隨時都在抓人、打人、殺人。亡國奴的命運不如豬狗。中國雖然還沒有亡，但淪陷區老百姓的命運，比豬狗好的有限。

年輕的一代，特別是學生們，有很多人從淪陷區出走，到大後方去，也就是由國民政府治理之下的廣大自由地區——學生們流行的說法是：「到裡邊去。」「裡邊」代表著萬里迢迢以外的內地，代表蔣委員長領導之下的抗戰中國。

那時我在北平讀高中。輔仁大學以及附屬中學的師生，不時有被日本憲兵押起來的；耳語相傳，消息傳得還是相當迅速。有的人為了躲避敵人追捕而遠走，也有的人是由於想要出走而被敵人盯住。

因此，「走」成了的人，事前絕對機密，無人知曉；到達「裡邊」之後，即使能夠輾轉來信，竹報平安，往往也是一年半載以後的事。至於沿途種種詳情，誰也不願多講。有意振翅高飛的人，最大的困難就是得不到可靠的資訊，不知道如何走法才對、才安全。

我當時便面臨這種困境。雖然已有三數位好朋友共相策劃，也打聽到一些零零星星的消息，但都不夠妥切。打開「中華民國全圖」看一看，不要說是到重慶、昆明，就是過黃河到洛陽，轉西安，也還是太遙遠了。在兩軍對壘的情況下，不僅沒有飛機，就是火車、汽車、牛車，也都沒有可以直接來往的。要怎樣才能夠安全而迅速地到達「彼岸」？這真是急死人、愁死人的難題。

後來，終於得到了一點線索，「要能走得成，必須先找到海淀王先生。」

## 海淀王先生是「地下欽差」

海淀王先生究竟是何等人物？簡直沒有影兒。到哪兒去找他呢？

海淀，是北平西郊，從西直門出城，說起來也沒有多遠。從前，燕京大學的校園就在那兒。未名湖風景依稀，街上有幾家小飯館，出名一道菜是小山東兒的過油肉。除了大學，也有農家，因為是「天子腳下」的地段，農村也比其他地方齊整些，那王先生據說就住在海淀的某處村落裡。

照學生們之間的傳言，海淀王先生簡直「神乎其神」：

據說，王先生年約三十啷噹，不到四十歲，機敏多才，會說好幾國的外國話，「講起日本話來，連東洋鬼子都聽不出來他是中國人」。所以他能混進日本駐屯軍的司令部去。

有人說他有一身好武功，擅長外家拳術，精於劈刺；後來更說他有飛簷走壁、踏雪無痕的輕功，「是燕子李三的徒弟」。還有人說他練就金鐘罩、鐵布衫、「金剛不壞之身」，日本鬼子的槍子兒都傷不了他。

當然，他一定會騎馬，會開車，會游泳，懂得各種機械玩藝兒（他勢必得會運用秘密電臺）。

因為，他是活躍在淪陷區的抗日分子，日本人和漢奸稱之為「重慶分子」，或者乾脆就說是「國民黨特務」。

有人說，這位王先生是重慶派來的「最高級的代表」，直接受命於蔣委員長。據說蔣委員長親口交代過他，「要盡一切的力量，把淪陷區的有志青年們接運到後方來。」

海淀王先生於是被大家形容為「委座密使」、「地下欽差」。

因此，在傳聞之中，他是淪陷區裡國民黨的首腦、「七海蛟龍」。日本人和漢奸出了賞格要捉拿他，死活不論，黃金可以論斤秤，但是一直摸不著他的底細。

據說，他握有極大的「權柄」，他可以在北平開路條，就憑他交代的一句暗語，一個符號，青年人可以一路往南走，沿途自有人暗中照應，「逢山開路，遇水搭橋」，海淀王先生打一聲招呼，等於是幾千里路上的「免票」，用不著憂心了。

祇要過了黃河，到了自由區，祇要說一聲，「我是海淀王先生保送來的。」就好了，要唸書有書唸，要從軍就有軍隊收留。

所以，我們就拚命要找到這位「集各種傳說和神奇故事於一身」的海淀王先生。

為了明顯的理由，海淀王先生當然不能住在海淀，否則日本人老早掀了他的窩。

我祇聽說，他常常化裝出沒在別人最最想不到的地方。有時是以富商大賈的面目出現，聽歌買醉，儼然大亨。有時他裝作跑單幫的小商人，有時裝扮勞工貧民。他也曾扮成大學教授、文化人，隨時與青年們接談。

據說，他最常走動的地點之中，包括北京圖書館和松坡圖書館。

我曾到這兩個地方去等他。尋尋覓覓，等待著「有點像」的人，好上前去探聽。

北京圖書館比臺北市的中央圖書館佔地更廣，要找一個從來沒見過面、根本不認識、不知道是高是矮的人，那是不可能的。

松坡圖書館則精巧得多，在北海公園後面，地點比較偏僻。那是為紀念革命先烈蔡鍔（松坡）將軍而建，祇有幾間房屋，藏書有限，前往借閱圖書的人很少。我便躲在那兒等候，準備看到形跡相近者，便上去探探口氣，碰碰運氣。

我隔幾天去一次，有時上午，有時下午，但一直沒有看到有任何一位「類似」海淀王先生的人。

我後來悄然離開北平，間關萬里，到了大後方。行前不敢讓家人知曉，除了同行者外，也不曾告知任何師友親朋。當時，心中最大的遺憾，就是在動身之前沒有找到海淀王先生。

## 吳延環、焦玉章、杜道元；幹一行像一行

經過了無數驚險的周折困阻，花費了一年多的時間，最後我總算到了重慶。我是五、六月間在西安參加政治大學的新生入學考試，九月間放榜，倖蒙錄取，才趕到重慶去報到入學。那年八月，日本已經投降。

到了重慶，由海棠溪到南岸，在小溫泉的政大（當時還是中央政治學校大學部）報到。此後才逐漸聽到一些消息，說活躍在北平市上的「海淀王先生」，曾奉召回到重慶，

代表淪陷區工作的「敵後同志」，參加一項極關重要的會議。會後他再度潛返北平，在路經山西省運城縣時，不幸被敵人逮捕。直到抗戰勝利之後才得重獲自由。

這位猶如神龍一般的王先生，原來就是最近退職的立法委員吳延環先生。

八十二歲的吳延環，河北宛平人，政治大學早期的校友先輩，是我的小同鄉鄉長、學長。他在民國十四年加入中國國民黨，那時我還沒有出生。他是《中央日報》的董事和專欄作家，我在報社服務期間，承他指教甚多。

儘管有這種種因素，使得我對吳先生特致敬佩並感到親切的，還是因為他就是海淀王先生。

吳先生並沒有金鐘罩、鐵布衫的工夫，不會飛簷走壁；但他生活簡樸，體魄康強，每天早晨下水游泳，是臺北市早泳會的會長，雖數九隆冬之際，照樣暢游不輟。每年農曆大年初一，電視上都會照出他和早泳朋友們悠然沉浮的鏡頭。他的泳姿不算高明，速度也不行，但是，以八旬長者天天下水，寒暑不斷，這就很不容易了。

在敵後歲月裡，他的確常常化裝易容，隱姓埋名，這都是為了工作與安全上的必要。他曾擔任某訓練單位的教育長，所以化名「焦玉章」。

又曾負責某機關的督導員，便化名為「杜道元」。

在平津一帶，他假扮過銀行行員，穿著考究，舉止闊綽。為了搜取情報，他也假扮過日本人，穿和服，著木屐，在火車上旅行，應付敵偽的盤查，這一手最有效。

他扮過農民，糧商，大棉襖，戴風帽，不但要熟悉糧價行情，大車上有糧食口袋，身邊還得有賬本，「幹一行，像一行」，不至於穿幫。

他扮過鐵路工人，戴鴨舌帽，短皮襖，牛鼻褲。他在長辛店組織工人抗日，那是中共的劉少奇蹲過點的地方。

民國三十三年，日軍在華北搜捕「重慶分子」，一時風聲鶴唳，緊急萬分。北平一地被捕者二百餘人，包括文教界名教授英千里、董洗繁、張懷等多人，黨政界如郭中興、安輔廷以及各處聯絡站負責人，亦多被捕。吳先生得訊走避，逃到西郊寶珠寺，化裝為和尚，戴圓頂僧帽，穿青布袈裟，黃邊雲頭布鞋，完全是出家人的打扮，潛伏避難，躲過敵人耳目。

可是，工作仍需推動，躲起來不是辦法，所以他設法取得偽軍的證件，穿上「新民會」的制服，假扮漢奸。

河北省濱臨渤海，一望無際的平原，又有北平、天津兩大都市，水陸交通發達，日軍以點線控制面，我方人員活動極為危險。可是，吳委員縱橫敵後，猶如神龍之見首不見尾。河北省一百三十多個縣，他那幾年曾到過九十幾縣，聯繫同志，佈建據點，出龍潭，入虎穴，渾身是膽。

當時工作的條件萬分艱苦，同志結合，任務分配，都是靠了道義相交，血性感召，無名無利，但隨時都可能有生命的危險。經費更是拮据，常常要無中生有，自求多福。身為組織的負責者，吳延環的處境隨時都在危險之中。那幾年間，他很少能在同一地點連著睡上兩天覺。

他所憑藉者，一是自己的滿腔熱血，忠勇情懷，不計個人的安危生死，甚麼事都敢承當；另一個條件則是同胞同志們對他的敬愛和信賴，大家願意以效死的心情，為他掩護行藏，協助工作。

那幾年間，光是屬於中國國民黨河北省黨部的同志，被日軍捉去壯烈殉難的，就有四百七十三人。至於被關、被押、以及下落不明的，猶不在內。

那年頭兒的黨員們祇有犧牲奮鬥，冒險犯難，沒有人想到過要做個甚麼官，選個甚麼委員代表。人人一口氣在，衹是要做一個堂堂正正的中國人，活不成就死，死也要死得堂堂正正。事情就是這麼簡單。

許多人事後都說，吳延環能夠不死，實在是叨天之幸。當時的境遇，等於是把腦袋瓜子吊在褲腰帶上。

## 地下漫憶，每一字都在血中熬鍊

他在敵人的眼皮子底下，能做甚麼工作？

能幹甚麼就幹甚麼。他辦報，印書，他發展組織，訓練幹部，展開宣傳，發動民運，有聲有色，履險如夷。

吳延環寫過一本回憶錄，題目好像是「地下漫憶」，衹有一百五六十頁，但每一個字都是鐵血之中熬鍊出來、貨真價實的經驗談。那書市上少見，我約略記得一二情節。

譬如講到辦報，那絕不是今天這樣，一天出幾十張，花花綠綠的現代化報紙。

當時衹有四開一張的雙週刊，正面印的是紅色的觀音菩薩像以為掩護，背面才是內容，也居然有：社論、要聞、中央對敵後組織的指示和命令、副刊。吳延環自己總其成，其下有兩位青年人編報寫稿，寫鋼版，印刷。

最難的是發行，由花甲高齡的李先生負責，化裝作賣舊貨的小販，到護國寺的曉市上，把雙週刊混在舊報紙裡，等各處同志自取。由北平一站一站傳達到各縣黨部、縣直屬分部、和重要細胞組織。儘管很簡陋，卻是當時最能深入基層的精神聯繫與工作指令。

地下報紙當然不能露出真面目，用的是最原始的化學隱形法。報紙印好之後，用小刷子蘸稀碘酒，一刷字跡就顯出來。再用茶水一刷，就又還原為一張白紙。如此反覆隱現，刷六七次仍可看得清楚。

這樣的報紙，沒有廣告、發行那一套業務；惟一的業務就是在印出來之後，如何迅速而安全送交閱讀對象。每一個讀過的人，要盡力默誦內容要點，再用口頭耳語方式輾轉傳播。為了安全的顧慮，報紙印的份數有限，發行對象選擇甚嚴，但因為有這地下傳播網的配合，乃可將重要的消息和指示，廣為傳佈。

民國卅三年大檢舉期間，報紙無法在北平印行，一度潛藏在海淀去印。「海淀王先生」的招牌或許即由此而來。

這份簡陋無比的雙週刊，從民國卅一年三月一日創刊，直到卅四年九月抗戰勝利為止，斷斷續續印行了七十二期。中央宣傳部長王雪艇先生特致褒獎，他說，「這是抗戰八年期間，在敵後出版為時最長，而又從未被破獲的地下報紙。」

至於出版書籍，也不比尋常。

北平的同志們從廣播和其他管道得知，蔣總裁為了增強抗戰建國的精神力量，號召同志們要研讀幾種古今典籍。其中包括「大學」、「中庸」、「禮運大同篇」、「三民主義」、「五權憲法」、「建國大綱」、「孫文學說」、「民權初步」、「實業計劃」和「地方自治開始實施行法」，一共十種，原文共約六十萬言。

十種之中，前三本是古典經書，一般知識低的民眾不容易懂；後七種則在淪陷區都是禁書，連原本都難找到，更不必說流傳研閱了。

吳延環認為，總裁既然特別提示全黨同志，都要讀這些書，敵後同志更應遵照提示去讀才對。於是，他想出了一個變通的辦法，先把這十本書找齊，然後擷取精華，提要鉤玄，將全文精簡成六萬字，約當原文的十分之一。然後想方設計，找到一家有關係的印刷廠；有一個徒弟要結婚，亟需錢用，於是就以很低廉的價錢，定了兩千本的合約。印好後再循著原有的網路，一一分發。

以小觀大，就以這辦報印書兩件事來看，已經這樣險阻重重，至於組織、訓練等等，更不必說了。

## 「吳程序」、「吳三讀」，每會必到

民國卅八年大陸局勢逆轉，吳延環以立委身分來臺共赴國難。他剛介清廉，有為有守，忠心於立法工作，一直在程序委員會裡把關。一個標點、一個字都不肯輕忽。委員們戲稱他是「吳程序」或「吳三讀」。他每會必到，來甚早，去甚遲。不開會時就關在研究室裡看書寫作。

在他離開立院一週之後，院會為了一件案子相持不下，民進黨的林正杰發言，對程序委員會有些不滿，他大聲問：「大家怎能這樣不認真？是不是我們該把退了職的吳延環委員請回來？」

正由於他纖介無私，自律甚嚴，生活平平淡淡，剛來臺北那幾年，河北平津來的鄉親，有些是和他共過患難的部屬，有的是流亡失所的青年，他都盡力照應，「我有甚麼吃，你們就吃甚麼。」

我們雖然都住在臺北，平日很少見面。有一陣子在一起早泳，天不亮就可以聽到他在水池邊哈哈大笑，聲震九天的聲音。我講笑話，「當年不知您怎樣做地下工作的？就光衝著您這種獨一無二的大笑聲，日本人就該可以找到您了。」

一九九〇年春，在電視上看到吳延環在發言，這次不是為了程序問題，而是因為立法院「已經變成了打架院，罵街院」，天天吵罵不休而幾乎不立法。吳延環說，為了不肯尸位素餐，他決定自動退職，而且立即生效。一席話講完，穿著藍色長袍的身影，嚴肅地穿過大廳，走出了立法院的大門。

許多委員含淚相送，許多民眾向他喝采，許多新聞界的人——包括很多平常喜歡折辱資深民代的青年人，也都向吳延環致欽服之意。

看著他飄然遠行的身影，聽著他鏗鏘有節的言辭，我感到陣陣無名的悵惘，同時也覺得極大的安慰，不管怎麼說，這個人間還是有公道的。

我打電話去向他致敬，我個人認為中央民代在服務四十年之後，的確應該儘速退職，其他任何解釋都是多餘的。吳委員說，他相信退職的事，會進行得很快。「但是，你們新聞界得督促著年輕的委員們，振奮精神，守分盡職，好好立法。天天這樣吵吵鬧鬧，不辦正事，國家怎麼得了？」

我應承下來，可是並非十分認真。忽然想到，「海淀王先生」已經八十二歲了，當年在五龍亭和松坡圖書館，像熱鍋上的螞蟻一樣找他的那個少年，如今也已是有了孫子的花甲老翁了。我們各自隨緣盡分，替國家和眾人效力的地方，也都幹過了。至於以後──以後的事，讓以後的人去操心吧。

一九九〇年六月六日「中央日報副刊」

× × × × × ×

吳先生辭卸立法委員職務時，我寫了〈海淀王先生〉一文，在「中央副刊」發表。一九九八年二月九日，吳先生在臺北逝世。我已移居海外。臺北朋友們頻來查問，老友劉潔之數致函電；可是我因一再搬遷，那篇文章竟未有剪存，乃就記憶所及，另寫〈慷

**慨悲歌大丈夫〉，見「世界日報副刊」（一九九九年一月廿四日）。**

**後來經同鄉會朋友找到〈海淀〉的全文，再將後篇，補入以誌悼念之意：**

吳延環先生初到臺北時，住在重慶南路一條小巷裡，居處狹小，而座上客常滿。有些是逃難的鄉親，流亡的學生，還有從大陸脫險來投奔他的舊日同志。他都一一熱情接待。也有政大校友初來時找不到工作，他也多方推薦，在他心目中，「政大校友都不含糊，要學問有學問，要品行有品行」。他的家像是同鄉會、同學會。但大家知道，他自己一擔明月，兩袖清風，照顧不來那麼多的人，但他的豪情和義氣，令人敬佩。

在立法院裡，他是出了名的風骨嶙峋的人物。他以立委為專業，從不利用民意代表身分去謀取個人利益。他是開會最勤勉、研究法案最認真的委員之一。院裡不開會時，他總是俯首在圖書館裡研讀和法案有關的論著和檔卷。他參加程序委員會，對於議案一字不苟，立委們說他是「一夫當關」，內容稍有瑕疵，他一定痛批，必須修訂到極其明確公平為止，使立法的品質保持嚴謹的水平。立法雖是集體智慧的結晶，但也正因為有吳延環這樣鐵面無私、絕不通融的把關者，負起了「品管」的重任。由於工作需要，晚年他在文字學上用功甚深，每一個字、每一個詞的定義是甚麼，都要推敲至再，絕不含糊。

吳先生是沒有甚麼嗜好的人，國粹的麻將和棋藝，洋式的橋牌、撲克，他都沒興趣，更從未見他跳舞或打高爾夫球，唯一的嗜好是游泳。為此他組織早泳會，天天早上六點鐘就下水，無分炎夏寒冬，從不中輟。有人約他出門旅行，途中要耽擱好幾天，換好幾個地方。他對主人唯一的請求是，「每天早晨給我找一個游水的地方」。

我在報社裡擔任內勤多年，最怕早起；後來承乏社務，不必熬大夜班。環老就約我學游泳。在他殷殷鼓勵之下，我居然一大把年紀還學會了游泳，經常下水，對身體的確有好處。環老的泳技似不甚精，游了多年，仍是最古老的姿勢，可是他興致之好，意志之強，實非常人可比。他早泳從不缺席，每年春節，寒流來襲，臺北冷到攝氏十度以下，脫光了衣服跳下水要很大的勇氣。到了那天，電視臺派了記者來拍攝會員們赤條條在水中翻浪的鏡頭，成了春節之晨不可少的一景。環老在池邊領頭歡呼大笑，經由電視傳送到千家萬戶，這是「萬象回春」聲中值得懷念的一刻。

國民大會、立法院、監察院，這三個民意機關，格於種種實際困難，長期未能改選，被外界嘲為「萬年國會」。民意代表幾十年不改選，難以充分反映民意，的確是很不妥當、很難令眾人心服。在野的政治勢力以此作為攻擊執政黨的主題之一，甚至稱國代和立監委為「老賊」。

老一代的國代、立監委之中人才濟濟，論學識、品格、以至對社會的貢獻，都有值得稱道之處。不過，多年不改選，缺乏民意基礎，臨時條款不足以得到群謀咸同的支持。潔身自重之士，遂自行引退以明心志。

吳延環是立委中最早自退者之一。他終年一襲藍衫，一雙布鞋，一副細邊眼鏡，除了勤於本身工作之外不知有外務。到了他覺得應該離開的時候，在院會中發表了感人的告別辭，昂然闊步走出了立法院。報章都曾顯著報導這動人的一幕，說他「飄然遠引，從此告別，立法院再難找到像他那樣字字頂真、一絲不苟的把關人了」。

他起居非常規律，因為天天晨泳，起得很早。白晝公忙，晚間八點多一定上床就寢。因而絕少參加夜晚的酬酢。有一年，南美烏拉圭的報業公會會長某先生訪問臺北，這位先生原為烏國總統，下臺後退而辦報，由於他這一特殊背景，朝野對他的款待特別隆重。有一天，時任司法院長的林洋港先生宴請貴賓，環公和我都是陪客。酒過三巡，快八點半了，他便起身告罪，我悄悄說，「陪客先退席，不好意思吧」。他答說，「我事前向主人報備過的」。後來他告訴我，「自己為自己訂下的規矩，最重要就是不要有『但書』，否則就守不住了」。

環公晚年推動一項大工程，是《四書》的考證註釋工作。他覺得孔孟之道是中國幾千年文化的精髓，現代人已不再重視，更談不到篤信而力行。如何使《四書》的道理為國民普遍瞭解，應該是復興中華文化基本的工作。在他號召之下，集合多位經生宿儒，文章高手，埋頭努力多年。《中央日報》舊友中，副社長趙廷俊（桓來）、主筆段家鋒（惠天）都應邀參與其事。吳先生蒐集歷代有關《四書》的不同版本和論著，是國內最豐富的。拜現代科技之賜，若干珍罕版本，他都從世界各大圖書館中得到了影印、照相等複本，引為生平一大快事。這件工作一直做到他逝世為止。

回憶前塵，不禁又想起環公與張道琨女士的新婚之宴。張女士是曾任政校教育長張道藩先生令妹。道公任立法院長，有些新聞雜誌上遂稱吳張聯姻是「CC系大團結」。實則張女士相夫教子，以賢妻良母自任，絕少參與外務。那次由政大校友主辦的喜宴，設在鄭州路鐵路賓館，好像衹有兩桌。每屆各有校友一二人參加。開宴時，金克和學長環顧眾友說，「最小的斟酒」。大家一看，我是新聞系十五期，排班最末，奉命執壺一一斟酒。老大哥們興致好，要我先乾為敬，我說我「飲酒無量」，新郎倌解圍說，「這老弟是真不會喝酒」。此情此景，猶似目前。環公已於八十七年二月九日在臺北仙逝，而我這「最小的」也已垂垂老矣，遠居異國，未能前往弔祭。

燕趙自古多慷慨悲歌之士，吳延環正是一個典型。孟子有言，「富貴不能淫，貧賤不能移，威武不能屈，此之謂大丈夫。」環公畢生行事，當得起大丈夫的稱譽。近年每在電視新聞中看到，民意機關的會場上打打鬧鬧，還有某些大委員、大代表涉及不法，貪瀆納賄動輒億萬巨款等情事，不禁更加懷念像吳延環先生那樣的大丈夫，現在是越來越難得一見了。

二〇〇二年七月廿三日補記

# 悲劇時代　悲劇英雄

## 讀沈克勤著《孫立人傳》

近來讀書，有遠離現實的詩集，也有反映現實的小說。古老的，新近的，皆在人情之中。太與人情背狃的，無論它怎麼出名，怎麼流行，總是讀不下去。

這幾天，讀完了沈克勤兄編著的《孫立人傳》，內心有無窮感慨。國人皆知，孫立人是我們這個悲情時代裡的一位悲劇英雄。他的生平遭際，波瀾起伏，奇譎處超過小說家的想像。讀罷全書，又有一種說不出來的悲壯蕭索的詩情，「夜闌臥聽風吹雨，鐵馬冰河入夢來」，放翁豪邁的詩句，卻越發令人感到芸芸眾生，皆是一夢而已。

我正是以讀詩、讀小說一般的心情，讀完了這上下兩卷、一千零九十五頁、上百萬言的傳記。對孫立人生平事蹟，我自以為知道不少；讀此書以後才發現，不知者不可強以為知。不但是許多相關的事實並不清楚，就是有關孫這個人的性格和心境，也是得之傳聞和資訊，都太表面化了。

## 作者與傳主的關係

沈克勤是政大法律系十三期的學長。他比我高兩屆，在校時並不相識。我只知道他曾任職中央通訊社，再進入外交界，在泰國服務多年。我某年在曼谷見到他，彼時他已擔當方面，從容樽俎之間。我不曉得他早在一九四七年初到臺灣，就曾追隨孫將軍鳳山練兵。他對孫將軍「強兵強國」的信念和坦率性格十分傾倒，孫也對他勤敏負責的工作態度和能力極為欣賞；尤其自一九五〇年孫將軍出任陸軍總司令之後，沈調任隨從秘書，「每日隨侍左右，親炙謦欬，同食共居，形影不離，風雨無間」，如是者四年之久，所以對孫立人的立身行事，以至其家人師友，都有相當深刻的認識。

一九五五年夏秋之間，發生孫立人涉有重大罪嫌的疑案，外間所知似乎是與「匪諜」和「兵變」有關。以當年的環境，軍中和社會上雖有耳語流言，但公開的報導和評論甚少。一般多認為，以孫將軍的背景和勳業，應不致有那樣犯法絕情的事。不過，自大陸變色末期到播遷臺灣之初，國共雙方從事生死存亡的鬥爭，彼此「用間」，無所不至。中共之運用「地下黨」，統帥部裡的劉斐、胡宗南身邊的熊向暉，都是很「成功」的例證。一九五〇年代初期，臺灣曾破獲多起重大諜案，最令各方震驚的是國防部參謀次長吳石案，和蘇共派遣的李朋、汪聲和案。當時臺灣海峽風雲險惡，雙方海空軍常有接觸，金馬前線更頻生狀況。在那「風聲鶴唳」的背景之下，一般人對於「中共亟圖犯臺」的前提信之不疑，對於鬼影幢幢的匪諜疑案，往往採取「只可信其有」，以防萬一。孫案鬧得那樣嚴重，與當時的時局和氣氛有關。

嗣後政府指派九大員合組委員會，公布調查報告，孫立人交由國防部察考，此後幽居臺中三十三年，至一九八八年獲得自由。一九九〇年十一月十九日，孫立人病逝，享年九十一歲。

沈克勤在「自序」中說，孫將軍出生於二十世紀初，去世於二十世紀末，畢生追求的目標，在於建立國軍現代化，強兵強國。他認為：「孫將軍的英雄悲劇，就是苦難中的中華民族的縮影，也是中國現代化進程的歷史寫照。」沈先生退休以來，花費了七年時光，寫成全書。一大部分是根據他親身見聞和訪談材料，另外則得之於近百種中外專書、中央研究院和史丹佛大學胡佛研究所的公私文獻。他很謙虛地用「編著」而不說是獨力之作，正顯示這本傳記綜攬眾說、自成一體的特色。這是我所讀過有關孫立人生平最完整的一部傳記。

## 孫立人的出身背景

全書架構共分三十章，大部分以編年為主，從其家世背景，在國內外求學，以至練軍備戰的經歷。上冊以遠征緬甸的戰功為主；下冊則以受命來臺灣練兵，總綰陸軍兵符，以至蒙冤受謗的事件為主。震驚中外的「孫案」經緯及其影響，是作者著力的重點。作者的心願是，讓讀者能「瞭解孫將軍一生奮鬥的心路歷程及其是非功過，和這一代中國人所受的艱辛苦難，並供後世史家評鑑」。

由於全書情節甚繁，篇幅甚多，我只選擇幾個重點，略敘我的觀感。

孫立人求學的過程相當特殊，他於一九二三年在清華大學畢業，一九二五年在普渡大學畢業，獲土木工程學士學位。一九二七年，又從維吉尼亞軍校畢業（第二次大戰時運籌帷幄的美軍參謀長馬歇爾，即為該校校友）。這幾項學歷，可說得上是兼資文武、學貫中西；在當時，甚至到今天，也都是很少有的。但這與眾不同的學歷背景，對他來說，既是資產，也是負債。說不定負面的作用更大些。

國軍的高級將領，大體是以保定、黃埔兩處軍校出身者為主。保定在前，包括蔣總統、陳誠、周至柔等，人數較少而位高權重。黃埔則有「天子門生」的身價，人多勢眾。此外則被視為雜牌，至於像孫立人這樣，既有國內外大學畢業的資格，又在美國讀軍校，實在少之又少，回到軍中被視為「異類」，並非意外。就是到了二十世紀末葉的今天，從外國軍校畢業後下到部隊，能否和本國訓練的軍官們水乳交融，毫無隔閡，恐怕也是一個問題。

某些人具有共同的背景（如同學、同志、同事、同鄉或同屬某種團體），彼此間建立情誼，互信互敬，交若金石，這是良性的發展。但若過分強調小圈子，便會形成落伍的幫會意識，內而勾結互利，外則排斥賢能，圈子越嚴密，內容越腐化，絕非成功之道。

孫立人與某些位黃埔出身的將領之間，相處不甚和諧，原因非止一端；彼此所受的教育和文化背景不同，因而不免形成觀念上的差異。由小而大，積少成多，以至不能相容，恐怕雙方都有責任，不是單單一個「派系」排斥所能解釋的。

## 孫立人怎樣帶兵

由於他受的是美國軍事教育，一般人誤以為他可能在軍事上也要推行美國化，其實不然。從本傳中讀到幾處記載，令我甚為感動。

孫立人深感我們是工業落後國家，自己不能製造足夠的械彈裝備，大部分仰賴外國，所以要特別珍惜。當他在海州練兵時，官兵習慣使用隨槍附有的鐵通條擦槍。他認為鐵通條易於磨損槍膛，尤其是槍口，且不易把來復線中的塵垢擦乾淨，所以他主張改用竹子通條。在孫立人部隊中，擦槍都是用竹子通條，大竹籤、小竹籤，大毛刷、小毛刷，大方布和小方布，而小方布又分油布與乾布，此事看來微不足道，可見他並沒有沾染上美國「少爺兵」的氣息，很能掌握實際情況，找出最好的解決方法。（七十二頁）

一九四七年，蔣總統指示孫立人，積極籌備練兵，要他儘量調選新一軍幹部協助。孫報告說，「新一軍現在東北作戰重要，幹部不宜抽調，祇需從新一軍教導總隊中，調撥四百名學生……他們使用的毛瑟步槍，是十多年前稅警總團時發的舊槍，雖經過在印緬和東北作戰，還有七八成新，槍口未有損壞，來復線依然明顯，請求將這四百名學生攜帶這四百支舊槍，調到臺灣擔任訓練部隊的示範教育就夠了。」（四六五頁）從這件事可以看出國軍在受挫後重新在臺灣站起來所經歷的窘況，也可看出「竹子通條」的功效。

孫立人練兵要求嚴格，特別重視基本訓練，「立正要收緊小腹與下巴，顎下顯出七條皺紋，兩肘自然下垂，微微向前半彎。姿勢作不對的，尚須『貼牆壁』，出特別操」。（四八〇頁）

又如走路，「後頸要緊貼後衣領，行進時兩眼不要左顧右盼，步伐速度每分鐘要快於一一五步，要有頂天立地的架式。」（八十一頁）

強兵要強其體魄，日夜行軍、搜索、游泳、爬山，都是日常功課，尤其重視射擊與劈刺。從一九三〇年代海州練兵到一九五〇年代鳳山練兵，都是如此。

江西剿共時期，孫立人任稅警第四團團長。當時參與剿共的四十八個單位，在南昌舉行射擊總比賽，稅警第四團獲得團體總分第一；個人成績前十名射手中，該團佔了七位。

一九四二年間，孫部改編為新編第三十八師。軍政部校閱組，校閱西南各省四十個師。校閱的第一個項目，就是實彈射擊，士兵照平日規定，「揹背包，全副武裝，戴鋼盔，射擊距離一五〇公尺，臥射有依托，每人一次連射五發，一次報靶，共三十五秒」。

結果校閱官評定，四十個師，「以新三十八師戰力為最好」。（一三四頁）

平日訓練嚴格，作戰才能充分發揮威力。遠征軍在緬甸、印度艱苦作戰，孫立人部自仁安羌一役以寡擊眾，重創日寇，救出被圍的英軍，一時聲譽大噪，英美軍方都對國軍的英勇精神和堅強戰力，刮目相看。

八年抗戰，孫立人有三年多在國外作戰。反攻緬甸是他軍事生涯中重要的一頁，本書記述甚詳，圖文並茂，較正史更為周全。戰略戰術上的問題，一般讀者不易瞭解，書中都有深入淺出的說明。也有些小插曲，像「王國授贈榮譽國民」一節，甚富人情味。原來是孫立人的部屬在戰亂中救出一個青年人，後來才發現他是錫金的王子；這一段經過以前未經報導，亦可見中國的「仁者之師」，域外作戰，受到外人支持和重視的原因。

## 「匪諜案」與「兵變」經緯

孫立人一生所遭受的最大挫折，就是在他兩任陸軍總司令任滿，奉調總統府參軍長之後未久，就爆發了郭廷亮案；案情涉及「匪諜」、「兵變」等，政府指派文武九大員組成調查委員會，監察院也有五人小組專案調查。

到一九五五年十月二十日，總統令中根據九人委員會的報告，「一致認定該上將不知郭廷亮為匪諜，尚屬事實，但對本案實有其應負之重大咎責。姑念該上將久歷戎行，抗戰有功，且於該案發覺之後，即能一再翔切陳述，自認咎責，深切痛悔，茲特准予自新，毋庸另行議處，由國防部隨時察考，以觀後效。此令」。（八一七頁）

孫立人此後移居臺中，幽囚了三十多年。本書自二十二章以後，都是有關孫案前後經過，有關文件及國內外各方反應，以至全案平反後的情形，篇幅約佔全書三分之一（自六九三頁至一〇二三頁）。讀者從這些資料中，自可得到自己的結論。

我無意從回溯歷史的觀點來作評論，而只想以傳記文學的角度，透視孫將軍的性格與內心世界，為什麼像他這樣一位「久歷戎行，抗戰有功」的名將，會有這樣的遭遇？

本書在分析「遭受整肅的原委」時指出，孫之為「美國人的偏愛」；在一九四九年大陸局面逆轉之時，美國有一些官員，提出「棄蔣保臺」的構想，並試探以孫立人取代蔣總統的可能性。「根據已解密的檔案顯示，孫立人對美國的遊說，至少有三次斷然予以拒絕」。這三次遊說都發生在一九四九年，分別在三月、秋天（日期不詳）和十二月。美方承諾「要錢給錢，要槍給槍」。孫的答覆是，他效忠蔣總統，不應臨難背棄。他將在蔣總統的指導下，負起保衛臺灣的重任。（六九八頁）

一九五〇年蔣總統在臺北復行視事，三月間明令孫立人為陸軍總司令；可見對他整軍經武的業績頗為嘉賞，至於說為了「爭取美援」，可能並非最重要因素。就在那年六月間，韓戰爆發，遠東局勢丕變，華府與臺北的關係也完全改觀。不過，美方既曾有「以孫代蔣」的說法，自蔣總統以至軍政首長們對孫抱著懷疑的看法，亦在人情之中。

孫立人在陸軍總司令任內，講授統御學，曾召各部隊長聽講，許多老將領也都戴著斗笠，坐著小板凳，在驕陽之下聽講。中部防守區司令劉安祺最為反對，並批評孫，「他甚麼都好，就是線裝書讀得太少」。孫不以為忤，兩人更以性格相近，無話不談。

劉安祺說，他剛到臺灣時，老先生曾當面對他說，「我要孫立人作陸軍總司令，你要聽話」。（七一一頁）

這段記載甚關重要。各國軍中多多少少都有「論資排輩」的傳統。當時國軍中資歷與孫相若、或在孫以上者，人數不少。蔣總統為了增強孫的地位而一一疏導，可見對他的重視和培植的苦心。別的人不講，劉安祺講出來。由此可以理解到，蔣公的識拔、孫立人的效忠，都是真誠的。

不過，孫立人的直率性格，有時會引起誤解。一九四九年四、五月間，京滬相繼易手。蔣公以執政黨總裁身分，在島內巡視。六月一日，乘太康艦到高雄，見到來迎的孫立人時就問：「我在這裡安全吧？沒有人講甚麼吧？」

孫立人答：「我在這裡負責軍事，由我保護，誰敢講甚麼！」

後來孫對清華同學吳國楨談到這段往事，吳連連搖頭，告訴孫：「你應該說，臺灣是總統的地方，當然安全。為甚麼要說由你保護呢！有英雄氣質的人，不喜歡別人看到他狼狽情形，更不喜歡在他落難時，聽別人說可以保護他。」吳之為人，機巧有餘，固不足取，但他的這番分析倒是很近人情的。（五六二頁）

在出掌陸軍之前，孫立人曾奉命出任臺灣防衛司令官。他希望他有動員民力之權，當時東南軍政長官陳誠責備他事還未作，就來爭權。孫氣憤之下，決定不肯出席第二天的就職典禮。這時，副司令官董嘉瑞與他徹夜長談，再三諫勸，最後歸結到兩大理由：「第一，蔣總統現為失勢在野之人。此時違抗不從，恐遭物議，負不忠不義的惡名。第二，中共揚言血洗臺灣，不就臺灣防衛總司令之職，國人必以為你孫立人怕死圖逃。」

孫最後接受諍言，如期就職。（五六二頁）

由此可以證明孫的本性耿直，有時率性而行，易遭誤解。不過他仍有相當強烈的傳統觀念，崇尚忠義精神。要身邊時時有人敦勸提醒，道理講得通，他倒也並非過分偏執的人。問題是，如果當時沒有人「旁觀者清」，或者看出不對處也不敢講，就要出大毛病。這一類事情也正是上級對他不能完全放心的原因。

## 國軍內部的紛爭

至於他和老將領們之間發生的齟齬，有些是可以解釋消弭的，不幸卻因彼此情感上「隔了一層」，誤會也就越積越深。黃埔將領們可能出於「團體意識」，本來就對孫有意見；孫自己有些言行，可能考慮未周，說出來不免傷人。本書中有幾個例子：

孫在陸軍總司令任內，周至柔為參謀總長。為了一項軍援報銷的方式爭執不下，周認為孫不通權變，說：「我們軍中有個傻瓜。」孫當眾回駁：「那個大傻瓜就是你。」

杜聿明在緬甸和東北戰場，兩度是孫的上級指揮官，兩人對戰略運用有不同的看法，孫對杜很看不起，他曾批評杜：「他的才能祗夠當一個排長。」

彭孟緝有一次請孫到士林馬場，並介紹日軍留下的軍馬，孫很不耐煩，當面指斥：「你不要在這兒冒充內行了。」彭當時面紅耳赤。（七〇八頁）

這些事情似屬瑣細，但從人性心理學去分析，小怨積成大仇，也許就在這不經意的情況下發生。孫與黃埔諸將之間本來就缺少感情基礎，嫌隙一生，彼此皆難相處。書中這些記載，很詳細也很傳神。孫這樣的作風，愛敬他的人認為他是「率直的軍人性格」，不喜歡他的人便以為他是「恃寵而驕，目中無人」。

孫立人建軍的理念是「軍以戰為先」，作戰最高目標是求勝，為達到勝利，部隊長的權威不可動搖。所以他對軍中政工人員與部隊長爭奪領導權，頗不以為然。蔣經國來臺之初，和孫交往甚密，無話不說。後來成立的政工幹部學校校址「復興崗」，就是由孫建議而選定的。

一九五一年，美國軍援顧問團成立，團長蔡斯認為政工制度是蘇聯的監軍作法，對軍心士氣無益，因而建議取消；在獲得美國務院與國防部支持後，他就要強制執行。此中原委，具見顧維鈞回憶錄。此事引起蔣經國的憤怒，且怪罪孫立人「從中作祟」。（七一七頁）孫若非維吉尼亞軍校出身，當不致有這種猜疑發生。

一九五三年，艾森豪就任美國總統，孫立人致函申賀，並邀其訪華。此事經有關單位查悉，報告蔣總統，總統大為震怒，面斥孫說：「你憑甚麼去函邀請美國總統訪華？」（七〇二頁）

此事有逾分際，其過在孫。如果他坦然認錯就沒事了，但他爭辯說是「為政府作事」。誤會就更加深。上有所疑，下有所忌，於是孫立人的處境危矣。

到一九五五年，郭廷亮案牽連，孫立人遭撤職軟禁的處分。本書自第二十三章之後，都是記述有關的事實。孫的遭遇，世間多已知曉；至於同案受到牽連的許多人的下落，本書綜合而完整的記述，可能是在別的相關著作中未有的。

讀罷此書，令人無窮浩嘆。這是在悲劇時代中發生在一個悲劇英雄身上的事。這樣的案情，是孫將軍以及所有相關受牽連者的不幸，也更是國家和軍隊的不幸。

人間的恩恩怨怨，百年後終告消沉。我特別感到印象深刻的是，在監院五位委員調查所表現的公正無私的風骨。在九人專案調查時，法學專家王寵惠強調犯罪要以證據為主，犯人的口供與自白書，僅能作為佐證，不能作為判罪的依據。所以後來報告書中謂：「本於罪嫌惟輕之旨，本委員會不作孫將軍為變亂行動主謀之認定。」

另一委員許世英為孫將軍的鄉長，在簽呈上加「罪疑惟輕，恩出自上」八個字，呈請總統核示。（八一四頁）顯示出東方政治的一種溫厚人情味。

蘇東坡〈賈誼論〉，開宗明義便說：「非才之難，所以自用者實難。惜乎賈生王者之佐，而不能用其才也。夫君子之所取者遠，則必有所待；所就者大，則必有所忍。古之賢人，皆有可致之才，而卒不能行其萬一者，未必皆其時君之罪，或者其自取也。」賈誼如果能作到「使天子不疑，大臣不忌。然後舉天下而唯吾之所欲為，不過十年，可以得志」。孫立人的時代與賈誼的已完全不同，可是「自用之難」，古今同慨。

孫案有關人物，多已作古。沈克勤先生此書之出，是要讓讀者們瞭解孫立人的心路歷程，是非功過，和這一代中國人所受的苦難，並供後世史家評鑑。由於作者的辛勤耕耘，這目標已充分達到了。

一九八九年九月《歷史月刊》

# 輯二

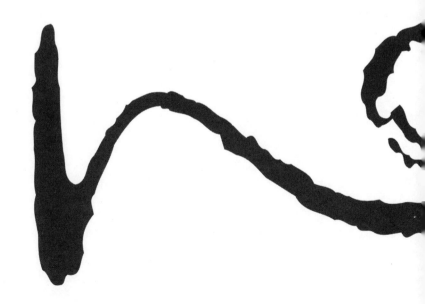

# 萬化根源總在心

## 謝然之老師驚濤駭浪的生涯

經歷過抗日戰爭砲火洗禮的一代，人人都有驚心動魄的遭際；但直到最近讀到先生手訂的〈自述年譜簡編初稿〉，才體會到在那動盪年代中，一個文弱書生成長為堅強思想鬥士的轉變過程……

我國新聞界耆宿謝然之先生，二〇〇一年八月間欣逢九秩華誕。門生故舊在洛杉磯設宴祝嘏，有人遠從香港趕來，也有人自離校後與老師暌違五十餘年，重聚一堂，白頭道故，回憶當年師門教誨之恩，恍如昨日。

謝師於中華民國二年（一九一三年）在浙江省餘姚縣出生；依夏曆，是癸丑年六月廿五日。歷年為老師祝壽，二〇〇一年是和夏曆誕辰日最為接近的一天，老師當時實際年齡是八十九歲，照民間習俗，所以是慶祝九秩華誕。

餘姚是明代大儒王陽明先生的故鄉。陽明學說導源自孔孟，而以「萬化根源總在心」的心學為主導，倡導「致良知」與「知行合一」的理論，成為明代學術的主流。生平以學術事功並重，晚歲專心講學著述，《明史》列傳稱，「陽明弟子盈天下」，晚近歐美各國都有專治陽明學的學者，日本學人更有「一生低首拜陽明」之說，陽明學之為顯學，世所公認。謝先生幼承庭訓，終身好學不倦。在新聞學的範圍內，理論與實務並重，他曾主持《新生》報業集團，當時是臺灣名副其實的第一大報。更難得的是，他曾同時擔任三所大學裡的新聞系主任，門下作育人才甚多。在我個人的印象中，政治大學、中國文化大學和政工幹部學校的三個新聞系，以及《新生》、《新聞》兩報，在謝先生的啟迪感召之下，形成一種「熱愛國家，敬業樂群」的風尚。用近日流行的說法，都可稱之為「謝然之學校」。其中政大新聞系十五期同學受教於先生的時間最早（一九四七年），所以我曾向朋友們說笑話，「我們那一班該算是謝然之學校裡的黃埔一期」。

## 年輕時加入共黨是為了抵抗日軍侵略

在臺灣時，曾聽前輩先生們說，「你們謝老師年輕時頗有不平凡的際遇」，但未聞其詳，多年來也從未聽他自己談起過。經歷過抗日戰爭砲火洗禮的一代，人人都有驚心動魄的遭際；但直到最近讀到先生手訂的〈自述年譜簡編初稿〉，才體會到在那動盪年代中，一個文弱書生成長為堅強思想鬥士的轉變過程。謝老師早年曾加入共產黨，而後在萬分驚險的境況下重新肯定了生命的意義和奮鬥的目標。

以書香門第的家世背景言，謝先生似乎不會受到激烈風潮的衝激，不過當時的大環境，包括當局對待青年們的態度和方式，往往會發生「逼上梁山」的後果。據先生的年譜初稿：

（一九三〇年）「在光華大學入學後，對文學頗有興趣，乃與穆時英與儲安平等組織文學研究會，當時風行普羅文學，與新月派對立，互寫壁報論戰，引起激辯。」

「三月，邀請魯迅先生來校講演，當局派軍警干涉，被迫散會，副校長廖茂承面予警告，暗示最好轉學。秋季乃轉入蘇州東吳大學政治系，選讀英美文學與倫理學。」

魯迅是左傾文人的領袖，但充其量不過是一個具有吸引力的異議分子，當局動用軍警干涉，且壓迫學生轉學，這種「鋸箭桿」的辦法，青年人當然難以心服。

次年，「九一八事變」爆發，日軍侵佔東北四省，舉國震撼。一九三二年初，日軍又發動「一二八事變」，猛犯淞滬，戰況激烈——

「幸十九路軍奮勇抗戰，實為對日抗戰的開端。但國府堅持『攘外必先安內』國策，引起各地青年強烈反對。中共乘機號召聯合抗日統戰，左翼作家紛紛拉攏，乃於五月間在上海與丁玲等作家同時加入中共，瞿秋白監誓，潘梓年與馮雪峯為聯絡員。」瞿秋白是陳獨秀之後，中共的第二代領導人。

國府以「安內」為「攘外」的前提，在政略戰略上皆為不得已而又不得不採行的決策，但在目擊外侮嚴重、熱血沸騰的青年群中，便覺得當局未能當機立斷，奮起抗敵，令人失望。中共的宣傳乘虛而入，在爭取人心上收到效果。

謝先生加入中共，是為了參加抗戰，與一般知識分子「能說不能行」者不同，他很快就潛入共區，投身火線。

## 二十二歲即擔任中共黨內秘書長

（一九三二年十月）「由滬乘輪赴廣東汕頭，黑夜抵達福建上杭，進入長汀蘇區。於十一月底到達贛南瑞金葉坪，晚餐時首次晤見毛澤東，共同排隊領取飯包，邊吃邊談，迄晚握別。」

在蘇區，謝先生曾任中共江西省委會宣傳委員，後在瑞金主編《紅色中華》機關報，這是江西蘇區唯一的報章，共出版二四三期後停刊。這可說是謝先生主持報業編務的開始，距今將近七十年了。

（一九三四年）「第二次全國蘇維埃代表大會在瑞金舉行。」

（二月二日）「中華人民委員會改組，毛澤東辭職，由張聞天繼任主席，謝然之為秘書長。」

張聞天為中共留俄派首腦之一，即所謂「二十八個布爾雪維克」中的要角。謝先生被推為秘書長，可見在中共黨內的地位，他當時祇是二十二歲的青年。

五月間，謝先生患惡性瘧疾，並傳染肺病，嚴重嘔血，入醫院治療。那年十月十五日，紅軍撤離江西，開始了二萬五千里長征，毛與朱德等撤離江西蘇區，病患人員隱藏民間，謝先生在會昌縣湯屋鄉農家暫住。

（一九三五年）「二月十五日，國軍第八師搜索民宅，搶走衣物與銀元，以擔架抬至師部，轉解至甯都第十八軍軍部，經羅卓英將軍轉報陳總指揮辭公。因過去在上海譚府相識，同情抗日初衷，允准先父前往保釋，乃回家療養，徹底根治肺疾。抵家最沉痛的是我最敬愛的祖父元音公已於年前十二月十二日逝世。辜負祖恩，終生愧疚，痛感罪孽深重。」

這一段驚險的經歷，是謝先生與當時少壯軍人領袖陳誠將軍相交之始，也是他重新思考人生方向的重大契機。

一九三六年三月初，謝先生東渡日本，「就讀日本中央大學新聞研究所，主修新聞學理論與大眾傳播學課程」。次年六月學成返國，在上海訪問親友，「勾留未及匝月，發生蘆溝橋七七事變，抗日戰爭即將全面展開，乃趕返餘姚家中，準備從軍抗日。」

## 辦了一份抗戰時期戰區的最好報紙

日軍在進攻華北之後，遂即發動八一三淞滬戰爭。謝先生於九月十日接到陳將軍手電：「浙江餘姚候青門一號謝然之，著即來崑山前線報到。陳誠」。謝先生「接誦之餘，感奮至極，自知從今報國有途。隨即整裝抱病啟行」。在軍中，謝先生奉陳辭公面囑擔任隨從秘書，撰擬重要文稿，收聽日軍新聞廣播，並蒐集各方資料，隨時面報。

謝先生對這一段投筆從戎的往事，感觸至深。他在九秩華誕的壽筵上對學生們說，「我一直覺得，八一三淞滬之戰是我這一生中最重要的轉捩點。」戰地生涯，安危生死往往在一線之間。謝先生猶記得那年十月間，「日寇自觀海衛登陸，向國軍大後方迂迴包圍。國軍乃連夜自崑山後撤，輾轉退至安徽南部的宣城，重行部署。十月廿四日中午，日機突來轟炸總司令部，死傷衛兵多人。(謝先生) 隨陳辭公在同室辦公，臨時隱身辦公桌下，幸而無恙。」這番共歷艱險而處變不驚的經過，加深了陳將軍對這位青年書生的信賴與敬重，此後數十年間，倚之為重要的幕僚和文膽。

當三民主義青年團成立時，陳誠兼任書記長，謝先生奉命擔任書記長辦公室副主任。後來蔣經國先生出任中央幹部學校教育長，謝先生又應邀擔任教育長辦公室主任，先後與這兩位政治強人結緣。

一九四〇年，身兼第六戰區司令長官與湖北省主席的陳誠，深知戰時新聞工作激勵士氣民心的重要，所以電召謝先生由重慶去湖北省府所在地恩施，接長《新湖北日報》，他晝夜辛勤，全力整頓，看大樣，寫社論，指揮編採，在艱苦的環境中開創了優良成績，各方公認《新湖北日報》是戰區和前線最好的報紙；二十八歲的謝然之，更是全國最年輕有為的社長。

抗戰勝利那一年九月，謝先生以任務告一段落，得到蔣總裁許可赴美進修，先後在密蘇里大學和明尼蘇達大學攻讀。一九四七年回國後，除了服公職之外，並在政治大學新聞系任教，講授「新聞學概論」、「新聞採訪」與「新聞編輯」。政大十五期同學有兩年時間，承先生教誨督責，稍窺新聞實務的門徑。

## 奉陳誠之命任《新生報》社長

對我個人而言，這一段師生因緣，對我的後半生發生了絕大的影響，甚至可以說，我能夠活到今天，一大部分是出於謝先生之所賜。

一九四九年夏我們那一班同學在戰亂聲中畢業。我應史棻之約到武漢一家報館工作。五月初，在廣播新聞中聽到一段短短的消息：「臺灣省政府陳主席任命謝然之為《新生報》社長。」《新生報》是省府所屬的單位，也是臺灣光復之後最大的報紙。這一飛來的信息，堅定了我南下前往臺灣的決心——至少我有一個投奔的目標了。

於是我悄然離開共軍已經進城的武漢，先到仍由國軍駐守的長沙，與史棻成婚後繼續南行，經廣州轉往臺北，見到謝先生之後，立即進入《新生報》工作，這是我在臺灣的新聞圈中四十年經歷的起點。

過了許多年，當臺海兩岸恢復接觸之後，逐漸得到一些老朋友、老同學的消息。有些人不幸在政治鬥爭中不堪折磨而喪生，有些人雖倖能脫過劫難，身心都已受盡摧殘。我記得當我們在長沙上了火車之後，同班學友黃維迪兄趕來送行，並有偕行之意。我因自己前路茫茫，多一個伴兒當然更好。可是火車遲遲不開，耽擱了一個多小時，維迪顧慮家有老人在堂，似不宜遠行，最後提著一個小旅行包下了車。自茲一別，數十年間僅在南京重晤一面，據學友汪嘉平兄相告，維迪於三年前病逝。

維迪力學有成，中英文都有很好的造詣，書法功力佳妙為同輩之冠。在南京時主編《大學新聞》，有聲於時。後來幾十年間所學盡棄，未能一展長才。他晚年致力「陳獨秀研究」，寫成專著可惜沒有機會出版。近來每想到維迪等學友，就想到這一輩知識分子在臺海兩岸的不同遭遇，因而也就更加感謝謝老師的教導與援引。進退去留，成為生死禍福的關鍵。

回想起來，一九四九年是神州板蕩的一年，也是絕處逢生的一年。國民黨在大陸挫敗之後，在臺灣生聚教訓、整軍經武，重新立定腳跟。新臺幣改制、三七五減租、耕者有其田，都發生了積極的作用。陳誠主持臺灣省政，當天即聘謝然之為《臺灣新生報》社長——沿襲著《新湖北》的章法。日據時期末期，日本總督府為統治言論，將臺灣大小報紙多家，合併為《臺灣新報》，即是《臺灣新生報》的前身。報社名下在各地擁有的房產不少，大都因轟炸受損。謝先生接手時，印報用紙僅有五天存量，窘況可知。

## 精明與精細兼而有之

由於謝先生的規劃和領導，汲引人才，推動改革，使《新生報》成為當時名副其實的第一大報。衡陽路舊址因戰時遭受美軍轟炸，殘舊不堪，後經多方交涉，收復失土，在中山堂鄰街蓋成新廈；並在高雄成立分社，即後來的《臺灣新聞報》。直到謝先生離社時，「台灣新生報業集團」的聲勢與影響，都是首屈一指的。資深外交家、也是我的老師沈錡先生，在他的《回憶錄》中數度提到，總統蔣公嘉許《新生報》編得很好，要黨公營報紙參酌改進。這是很難得的殊榮。已故副總統謝東閔（求生）先生，曾任《新生報》

董事長十三年，兩位謝公相處和諧，求公在抗戰時期在廣西辦報，是新聞界老前輩。他稱讚然之先生是「一代奇才」，特別推崇他是「謙謙君子，平易近人，精明與精細兼而有之」。凡是認識二公者，皆許為知言。

其實，謝師對新聞界的貢獻，不止是主持報業，而更在新聞教育的奠基與傳揚。以政大新聞系而言，早年創系者是馬星野老師，在臺北復校之初，曾虛白老師以新聞研究所所長兼主任，後來曾先生因事繁力辭。陳大齊（百年）校長力邀謝先生接手。百年先生是老北大，五四時期已是著名的學者。此時白髮盈頭，爬了四層樓梯去訪謝先生，並且說，「以我的年齡，走上樓來實在是勉為其難。希望你也能體念我的誠意，勉為其難吧。」

在此之前，經國先生在復興崗創辦政工幹部學校，邀謝師任新聞組主任。此後，中國文化學院增設新聞系，張其昀（曉峯）先生也力促謝師兼任主任。蔣、張兩位先生都曾是他的長官、鄉前輩，情所難卻，不得不勉為其難。

## 作育臺灣新聞界英才數十年

三所高級學府的新聞系組主任的重任，由謝師一身擔承；遍視中外新聞教育史上都少有前例，以後大概也不大可能再有。這三所學校背景不同，各有「性格」，由於謝師的啟迪教誨，強調以忠愛國家與尊重專業為第一義，求真求實，惟公惟誠，各系各級所受到的教言先後一貫。「謝然之學校」作育人才眾多，前後十年間為臺灣新聞界的新生主力。

在規模初具、方針確立之後，謝師將這三個系主任的職務，分別託付給得力的接班人。政大是王洪鈞，文化是鄭貞銘，幹校是林大椿。這三位先生長期耕耘開拓，都有成就；他們也都念念不忘謝師早年斬荊伐棘、奠基創業的貢獻。不過在事隔數十年之後，世事滄桑，人事代謝，目前從這個學校出來的後起之秀，對於「謝然之」這個名字可能是相當陌生了。

謝師後來奉蔣公之命，出任國民黨中央第四組主任（也就是從前的中央宣傳部，後來的文化工作會）、中委會副秘書長，再轉任駐薩爾瓦多大使，宣勤海外。

謝師離開公職之後，先後在南伊利諾大學和德州大學任教。一九七五年四月間，因十二指腸潰瘍就醫療治，經長期休養後幸告康復。近年來卜居南加州頤養天年。在謝師母高萍女士悉心照顧之下，身體健康良好，以讀書寫作自遣。二〇〇一年華誕宴間，謝師與最早一班的學生合影，從照片上看來，我們五個人的白頭髮都比老師多。

謝師有兩男一女，各自成家立業，長公子舜虎是哈佛的博士，已是東部某著名學府的正教授，在他研究的專業範圍中，被推許為成績最傑出又最年輕的學者。

我們正經歷一個激流洶湧、風雲變幻的大時代。是非標準面臨「翻案」的考驗。用世俗功利的觀點來看，謝師的畢生心血似乎都已付之東流。顯赫一時的《新生報》與《新聞報》，都已似有若無。三所大學新聞系造就人才繼繼繩繩，雖仍很興旺，但觀察近來有關所謂「知之權利」的爭辯，新聞傳播業在社會公眾心目中，似乎越來越不如當年之備受尊重了。

事到今日，很難說今天的頹勢該由誰來負責。想到「萬化根源總在心」的老話，謝師當年諄諄教誨「熱愛國家，敬重專業」的提示，仍有「金針度人」的效益吧。

二〇〇二年四月十五日、十六日「聯合報副刊」

謝然之先生〈自述年譜簡編初稿〉，全文見《新聞與教育生涯：謝然之教授九秩華誕祝壽文集》，（一五一至一九三頁），臺北，東大圖書公司，滄海叢刊，二〇〇〇年初版。

# 敬業守道　一以貫之

## 序李子堅著《紐約時報的風格》

### 不作第二人想的人選

李子堅先生在《紐約時報》服務三十一年後退休，隨即動筆寫出以時報工作經驗為主軸的系列文章；在《新聞鏡》雜誌上連載期間，就已引起國內外廣大讀者的重視與興趣。現在全書由聯經公司出版，定名為《紐約時報的風格》，預期將為書壇一樁盛事。

國內情況近年變化疾劇，新聞傳播事業在「國家現代化」的過程中，應負起「鼓蕩風潮，造成時勢」的先驅作用。報紙為媒體中的主流，深受公眾信託。報業在新的環境中如何力爭上游，精益求精，除了主觀不斷革故鼎新之外，自然也需要汲取國外同業的先進經驗。此時此地，本書的價值乃更為凸顯；它不是坐而論道，而是極有現實影響的作用——供這一代銳意改革、求變求新的報業工作者參考採擇，打開一些新的思考方向。

《紐約時報》創刊於一八五一年，即清宣宗咸豐元年，也就是洪秀全打出「太平天國」旗號的那一年。一家報紙經歷了一百四十六年而能繼續發展茁壯至今，不是一件簡單的事。就有形的數字而言，《紐約時報》並不是「最大」的報紙；其銷行份數曾被同在紐約的小型報《每日新聞》超過；廣告營收一度較西岸的《洛杉磯時報》遜色；但這都無損它的聲譽地位。在世人心目中，《紐約時報》是全美一千五百多家日晚報中最具影響力的正派大報，也是世界報壇上眾望所歸的「模範生」。我們祇要審視一下歷年來時報的新聞、評論、專欄被各國報紙採用或引述之頻繁，就不難理解其受到同業重視的程度——這種現象，我認為比任何新聞獎都更加生動地反映出時報的地位和價值。

子堅在時報工作，從一九六四年到一九九四年底屆齡退休，前後三十一年。擁有九百位編採人員的編輯部中，華裔身分服務如此長久者，子堅大概是僅此一人。儘管以時報為題材的專書，先後已有多種，子堅的書卻是第一本從一個中國人的眼光，憑著三十一年親身體驗，寫出來的時報面面觀，自然特有親切的感受。某些觀察，是中國人特感關切而美國人未必想得到的。

因此，由李子堅來評鑑《紐約時報》的重大成就，可謂「不作第二人想」的人選。

## 三十餘年前的舊夢

當我從《新聞鏡》上陸續拜讀子堅的大作，以及後來接到他的電話和來信，囑我為這本書寫序時，前塵舊事，一一浮現眼前來。

一九六〇年九月，我因考取第一屆中山獎學金後，經謝然之老師推薦到南伊利諾大學進修。當我趕到卡邦黛爾小城報到時，第一個迎接我的就是子堅。我們在臺北時本屬舊識，但無深交，他比我早一年到南伊大，識途老馬，對我多方照顧。從租房子、買寢具、逛書店、進菜場，以至報到、選課等等，都由他細心指引，省了不少麻煩。

子堅與我年事相若，他原籍江蘇，抗戰時在西北長大，所以我們有「共同語言」和類似的生活經驗。相交日久，更感覺他為人誠懇篤實，胸襟恢宏。南伊大當時中國同學上百人，雖然有些位博士候選人，書讀得更多，但大家推選子堅為同學會的會長。

子堅的尊人李玉階先生，是《自立晚報》早期的主持人。長兄子弋為採訪主任和總編輯，子堅在臺大畢業後，一度在《自立晚報》工作，為父兄分勞。三弟子達，即名電影導演李行。四弟子繼也在新聞界工作。他們的確具有「家族報紙」的班底。彼時晚報處境艱難，子堅名為採訪記者，發行廣告亦無不參與；他那個階段的經歷，和《紐約時報》的奧克士早年在南方辦報的情況相像，「甚麼事都得自己動手」。

在南伊大第一學期，趕上了莫特博士（Frank L. Mott）的「新聞文獻」課程，莫特曾任密蘇里大學新聞學院院長，他寫的《美國雜誌史》和《報業史》都屬經典之作，是普立茲獎的得主，資深望重，所主任郎豪華就是他的學生。在這門課的報告中，我第一次讀到柏格（Meyer Berger）的《紐約時報百年史》，對於在十九、二十世紀之交，時報振衰起敝的過程，最感興趣。不過，由於課業太忙，訂不起時報，也來不及天天看，遇到重大新聞時，才到圖書館「瞄一眼」，和平日看的《聖路易郵訊報》作個比較。

新聞研究所，每學季十二個學分，忙得人頭昏腦脹，但子堅比我更忙。原來他在臺大讀法律系，為了一門不相干的課程未能修完，到了南伊大在學分計算上曾有爭議。這種事如經洽商，未嘗不可解決；但子堅認為規定如此，他就依照校方要求，補修若干理科的學分。記得他當時說，「最痛苦的是植物學」。老師要學生活學活用，帶著全班在校園中巡遊，沿途所見樹木花草，便是口試的題目。學生們不但要認識其類別名目，還要背一大串拉丁文的名稱。

類似的課程在當時固然是痛苦的經驗，無形中增益了他學識的廣度。正因如此，他後來才能在《紐約時報》長期打拼，勝任愉快。求知苦學，走一步有一步的心得，是無所謂冤枉路的。

在卡邦黛爾那兩年，我們同住在「單身漢倉房」的宿舍裡，白天各忙課業，晚餐時同學們聚在一起聊天，家事國事天下事，無所不及。他和馬莉在校中相識相戀，一九六一年結婚，次年相偕到紐約闖天下。馬莉有東北滿族血統，同學們戲稱她是公主。她性格豪爽，處事明快，與子堅可謂珠聯璧合。他們初到紐約，所遇頗多拂逆之事，都靠馬莉的精神支持。他們有兩個男孩，都很優秀。

子堅賦性耿直，是非分明，工作時往往和老闆相處不和；有時被解雇，有時自行辭職，有兩次是在聖誕夜前夕失業，淒涼可知。直到一九六四年初憑一封自薦書打開了《紐約時報》的大門。在這個新環境裡，他不再和人爭論，而祇是耐心學習，磨礪自我，忍人之所不能忍，「因為，我發覺這兒便是值得我終身奉獻的事業。」

初到時報時，一位主管批評他的英文「比我們這裡的送稿生都不如」，所以祇能給他半工的送稿生工作。他為了對新聞工作的熱愛，慨然接受。此後並利用工餘在紐約大學進修，一九六九年取得美國文化碩士學位，他已四十一歲了。兩年後升為正式的組合新聞編輯，在專業技術上受到獨當一面的付託。

子堅回顧他的工作生涯說，「我並不以此而自我炫耀，也沒有多大的成就感，但我卻對這三十年的經歷，彌足珍貴與驕傲。」

組合編輯即我國報業的「拼版」，時報因出版篇幅繁多，對版面分工、設計，尤其是第一版的版面，都有詳細的規定。子堅多年從業，熟能生巧，成為組合新聞部最資深的編輯，「同事中多半是我負責訓練出道的。中國人注意『尊師重道』，美國人也懂得此道，在訓練中受我教導的同事，多能念念不忘，也算難得。」這就是另一種成就感了。

一九六四年初，我回到臺北接任《新生報》總編輯，與子堅音信稍疏。一九六八年六月六日深夜，忽然接到他從紐約打來的電話，告訴我羅伯・甘迺迪參議員在競選總統途中，遇刺身亡，並且說，「和他哥哥當年被刺時引起的震悼與惶亂完全一樣。」當時外電報導已多，但我仍感謝老友的關照，甘迺迪總統被刺時我還在美國，親歷其事，寫過長篇報導。從臺北角度看，羅伯之死不及他哥哥那樣富於震撼性。現在，讀了本書才知道，子堅當天值班，主持大換版，他說，「那天晚上的改版，是我永遠不會忘記的一次。」

一九七〇年九月初，我重遊紐約，與齊振一兄參加哥倫比亞大學的亞洲編輯圓桌會議。九月八日當時主持大使館新聞處的陸以正兄邀我們餐敘，又和子堅相聚。十五日我們全天參觀《紐約時報》，也旁觀了下午五時編輯會議的實況，並就某些問題交換意見。那天晚餐的主人是外國新聞部主任葛林菲。後來以在中國大陸採訪經驗寫成《苦海餘生》一書而揚名的包德甫曾說，他在時報幹了好幾年，還沒有機會到頂樓發行人的餐廳吃一頓飯。言下對我們這些「遠來的和尚」有些羨慕。

子堅當時已是在編輯部內外受尊重的幹部。憑著誠懇負責、勤勉好學，他從敬業樂群的實際經驗中所獲的心得，在本書中一一道出，相信讀者們會和我一樣地深受感動。

## 百年間五代傳人

本書的內容，要略言之，是「人物」與「事件」的綜合；籠罩在人與事之上的，是《紐約時報》發展史及其基本精神。

從一八五一年創業的《紐約時報》，前三四十年近乎「打爛仗」時期。第一代創辦人亨利・雷蒙，博學多聞，議論縱橫，在某些方面與梁啟超相似；早期的時報，充其量也不過相當於《新民叢報》，賣的就是主持人一支大筆。

時報的現代化，從奧克士接辦開始，轉為世代相承的家族經營。時報社論版上端每天都刊出歷代發行人姓名及其在任的年代，那幾行小字，即是時報近百年史的提綱：

第一代發行人亞道夫・奧克士（Adolph S. Ochs, 1895–1935）。

第二代發行人阿瑟・海斯・沙資伯格（Arthur Hays Sulzberger, 1935–1961）。

第三代發行人歐維爾・瞿福士（Orvil E. Dryfoos, 1961–1963）。

第四代發行人阿瑟・奧克士・沙資伯格（Arthur Ochs Sulzberger, 1963–1992）。

現任的第五代發行人是阿瑟・奧克士・沙資伯格二世（Arthur Ochs Sulzberger, Jr.），一九九二年接手至今。

這幾行姓名，無論中文或英文，都很容易混淆。子堅在《紐約時報的風格》一章中，把他們先後傳承的關係，和每一個人當家時的成就與特色，原原本本，講得十分清楚，脈絡分明。

第一代的奧克士，開疆拓土，貢獻至巨。他自己沒有受過多少教育，但勤勉好學，深嫺實務，而且知人善任，重金禮聘范安達為總編輯，是成功的關鍵。奧克士以一個南方地方報紙主持人到紐約打天下，在群雄鼎立的環境中，異軍突起，後來居上，主要在他確立了「無畏無懼，獨立不倚」的大方針，並定出最簡明的新聞守則：「所有適宜刊載的新聞」("All the News That's Fit to Print")。這句話每天都出現在時報第一版報頭方的左上端。各國新聞界也常以這句話作為自我檢討的標準。

奧克士只有一女，而南方傳統保守，二十世紀初葉重男輕女的觀念仍強。淑女不宜出頭主持事業，尤其不應辦報，所以奧克士培植女婿接班，並在去世前將全部時報的產權分給外孫輩，家族報業的基礎從而確立。

第二代以後，轉入了沙資伯格家族。阿瑟·沙資伯格繼承了岳父遺志，辛苦經營了二十多年，不僅克紹前修，業務上更大有開拓。記得在金門砲戰前後，他曾到臺灣訪問，晉見先總統蔣公，並獲中華民國政府贈勳，外國報人受此禮遇者，沙資伯格可能是第一人。

第三代瞿福士，是阿瑟的長婿，任內遭遇一百多天排字工人罷工，談判折衝，心力交瘁，幹了兩年的發行人，便因心臟病猝發逝世，年僅五十歲。

此後發行人頭銜便回到沙資伯格的兒孫頭上。現任的小阿瑟，是奧克士的曾外孫了。

子堅對這幾代發行人的作風和功過，都有生動記述。我覺得寫得更好的一個人物，則是「時報家族的幕後女強人」，奧克士的愛女伊斐琴・白沙・奧克士（Iphigene Bertha Ochs）。她從二十五歲即奉父命出任時報董事，直到八十歲才告退休，生平以相夫教子為重，對報社工作似未積極參與；事實上，由於她的血緣關係和人文素養，不僅使家族傳承連貫起來，而且由她設定了傳承的標準。她更能恪遵老父的教誨，導引子孫確保奧克士的遺訓，維護了紐約時報獨立超然的風格。子堅稱許伊斐琴「是家族的中心，也是《紐約時報》的良知」。這位女強人猶如大觀園裡的史太君，她對領導階層的潛移默化之功，也許比新聞系裡開幾門課的影響更大。蓋所謂原則也、方針也，說起來都不難，可貴則在於實踐，尤其是要能一以貫之，始終如一地恪守不渝。女強人之強，就強在這承先啟後的作用上。

伊斐琴學養俱佳，人脈甚廣，有助新聞的開拓。一九四四年王牌記者雷斯頓，得到重要獨家新聞，美中英俄四強在敦巴頓橡園秘密會議中協議，確定了聯合國創建的組織形態，和四強享有否決權等。這條獨家後來使雷斯頓獲得普立茲新聞獎——便是由伊斐琴從中華民國代表團方面得到線索。她和駐美大使董顯光是哥倫比亞大學的同學。若非當事人自道，外間是無法知悉真相的。

報紙為社會公器，由一個家族掌握，究竟是否妥善？而且世代相傳，後輩未必都能克紹箕裘，盛而轉衰者比比皆是。美國若干家族報業，近年因經營困難，轉售者已有多家。《紐約時報》之成功，為家族報業樹立了一個榜樣。

以臺灣報業近半個世紀的經驗來看，王惕吾先生創建《聯合報》，余紀忠先生創建《中國時報》，成就斐然，世所共見。我常常想。如果從民國三十八年以後，《中央日報》一直由馬星野先生主持，《臺灣新生報》始終由謝然之先生領導，今天報壇不知是何景象？《紐約時報》這樣的家族報紙，雖屬一家所有，卻能為天下所用，貫徹其無黨無私的傳統，發揚其求實求新的精神，享譽當世，豈是偶然？若由時報之例來觀察，家族報紙有其可取之道，要點在於要把確立的原則躬行實踐，長遠奉行。在「人事有代謝，往來成古今」的流變中，有所變有所不變，有所為有所不為，方能可大可久。

## 羅森紹、席漢等人

一切事業的興衰成敗，皆以人才為第一義，新聞事業尤其如此。時報百餘年精進不已，是許許多多人士竭智盡忠，共同締造的成果。當家的發行人，最重要的責任就是善選妙才，託以腹心。

子堅此書所寫的人物，著重在他服務期間經常接觸的名流，也有幾位前期人物，像《雷斯頓與李普曼》；李普曼為廿世紀美國首屆一指的政治評論家，他的名著《公共哲學》在臺灣就有曾虛白先生等四種譯本。學術界討論有關新聞自由的道理，說來說去，至今仍大都未超出那本書的範圍。李普曼為著名專欄作家，在《紐約論壇報》旗下，他一生沒有為時報寫過專欄，直到他逝世之日，雷斯頓把自己專欄的地位讓出，選載了李普曼遺作精華。這是說明，曾任時報華府分社主任、總編輯、副社長的雷斯頓，對於前輩李普曼崇敬之深——思想和新聞觀一脈相承。

子堅寫得最多，也最生動的，是羅森紹（A. M. Rosenthal）。此人在駐東京特派員任內，奉調為總社大都會新聞部主任，自一九六八年起即成為靈魂人物，先後依序擢升，到一九八六年退休，在編輯部掌權十七年。子堅對他傾服備至，「羅森紹是我所知道歷任編輯部主持人中，對新聞政策之申述與闡釋最為投入、奉獻心血最多、最為翔實完整的一位。」羅森紹不斷以「備忘錄」的方式，提示心得，也即是對同仁的指令。他不僅「業精於勤」，而且始終把握大原則，實踐公正無私的新聞政策。有些地方乍看似乎並不太重要，像「隱名消息來源」，羅森紹就嚴格要求，非絕對必要，不得妄用，以保持對讀者負責的立場。

國內報章近年來，常出現「據權威方面消息」，「據接近總統府人士透露」等，跡近投機取巧，甚至暗箭傷人，殊不足取。《羅森紹對《紐約時報》的貢獻與影響》等幾篇，值得細讀。

羅森紹有許多創舉，在用人政策上（選任各部門主管，以具有採訪經驗和成績的人優先），在版面革新上（許多興革，至今為各報仿效），都有除舊布新的表現。他本人才華出眾，對同仁要求亦高，有些人認為他是「暴君」。由於他「在位時一意孤行，編輯部怨聲載道，不滿情緒高漲，士氣低沉，董事會許多董事也嘖有煩言。發行人在這種壓力下，決定要羅森紹提早半年退休。在責成法蘭克接任之時，特別寄望於他，來『收拾人心』。」

這正是政治上「寬猛相濟」的道理。有羅森紹的勇猛精進，才需要有法蘭克的溫和寬諒。兩種不同風格，為的都是要群策群力，辦好一份報紙。

別的人物還有很多，如第一位華裔的中國專家秦家驄，如患了愛滋病的記者史摩之，如時報第一位女社長兼總經理珍妮·羅賓森（Janet L. Robinson），越戰期間飽受各方壓力，後來幸而獲得普立茲獎（一九六四年）的名記者哈伯斯旦（David Halberstam），都是不凡的角色；寫得最為生動感人的，是〈集記者、學者、專家於一身的席漢〉，此人是為時報揭載《國防部機密文件》的功臣。可是，一九七二年時報為此文件案獲普立茲獎，席漢卻並未獲獎。後來更因寫作涉及訟案，他向報館請假寫一本有關越戰悲劇的書；一九七四年又因車禍受傷，兩年交書期限已到，他一個字也沒寫出來，不得不向時報辭職。

席漢（Neil Sheehan）在失業離群、貧病交迫的狀況下，靠著太太的收入支持了十六年。一九八六年，那本《一個光輝燦爛的謊言：從范安看美國如何捲入越戰》為題的四十餘萬言大著終於完成。范安是美軍駐越的顧問，才智甚高，精力過人。他最初判斷只要六個月就可消滅越南共黨游擊隊。但後來對實況瞭解越多，對前途越是懷疑，便主動將戰場真相告知時報和合眾社的記者，是為新聞界和美國人對越戰政策「存疑」的起點；後來「反越戰」風潮之起，與范安很有關係。一九七二年范安因飛機失事死亡，席漢便是以他作為一個縮影，寫出了美國陷入越戰泥淖的經過。

這本書出版後轟動一時，被認為是十年間有關越戰最好的一本書。可是，席漢常常慨嘆，他情願作苦工，賺固定薪水，「哪怕是在加油站打工，都比寫書要好得多。」這本書雖使他名利雙收，稍脫困境，但十六年年華已去，古有所謂「才命相違」的說法，席漢可算一個例證。儘管他學養優良，才氣縱橫，記者、學者、專家，一身而兼，都作得出色，但在現實世界中卻未能一帆風順。子堅寫到他時，筆端更多一份感情。時報在各個崗位上都要求選用「最好」的人才。但席漢卻屢遭挫折，坎坷半生，除了歸咎命運之外，很難作別的解釋了。

哈伯斯旦與席漢之享譽當時，都是由於越戰報導。在越戰進行，亞洲國家基於自身安全的考慮，大多贊成美國援越。但美國民眾後來越來越不相信政府決策之明智，民意與政府形成尖銳的對立，時報及其他新聞媒體的報導有很大關係。事隔多年之後，歷史發展證明了當初新聞界的報導和分析，並非完全主觀地「為敵人張目」。《國防部機密文件》的揭發，正是有力的證據。

## 越戰機密文件案

一份報紙的成功，不祇是靠了少數大牌，更不祇是偶爾在重大事件上有了傑出表現，而必須是經常而持久地執行一套健全的制度，制度後面更有一股日新又新的銳氣和團隊精神。

在時報，從范安達、雷斯頓、羅森紹以至今天，人才鼎盛，高手如林；其集體的精神是甚麼，制度如何運作，乃是本書的精華。在編輯作業上，子堅所寫〈編輯部的組織與運作〉、〈新聞政策的守護制度〉、〈風格與用語的制度化〉，以及如何培訓編採人員，如何對新聞錯失負責，社論委員會的組織和功能，以及如何防止與避免誹謗訴訟，都有具體翔實的說明，尤其編輯部高層人事的轉變及其運作的內情，非局外人所能窺見。時報為維護新聞自由而與政府有所抗爭，子堅舉出最重要的一個判例，是南方阿拉巴馬州蒙哥馬利市警察局長沙利文控告《紐約時報》誹謗案，纏訟四年，官司一直打到聯邦最高法院。一九六四年三月九日，九位大法官一致同意，時報與同列被告的四位民權牧師勝訴。最高法院並認定，誹謗案件如果是「政府官員」或「公眾人物」，就必須證明報刊所刊文字不實或錯誤，而且具有「惡意」，誹謗始能成立。換言之，指控者要負「舉證」的責任。這一判例不僅使時報避免了賠償損失、接受處罰，乃至報譽蒙受的損失，而且為新聞自由權利保障樹立了一座新里程碑。

以上各節都是新聞學上的「活教材」，值得新聞系、所同學和在職的同業們參考。子堅服務時報期間，最為世人注目且引起重大爭議的新聞之一，就是一九七一年的時報刊載五角大廈越戰最高機密文件，子堅稱之為時報歷史上「最光采的一頁」。

這批機密文件，是一九六七年中當時的國防部長麥克納馬聘請了三十六位專家學者，組成專案委員會，研究美國究竟如何捲入越戰的原委。其中有學術機構的學者，也有國防部、國務院有關的專家。委員會花費了十八個月，寫成四十七冊的報告。後來有四十五冊共七千頁，落入時報記者席漢手中。提供這些密件的，是原曾參與委員會，後來轉變為激烈反戰的藍德研究所研究員艾斯伯格（Daniel Ellsberg）。

處理這樣高度機密、數量龐大的資料，時報動員了三十多名編輯、記者、研究員等，花費了兩個半月時間，將七千頁約二百五十萬言的文件，擷取菁華，濃縮為三十萬字，於一九七一年六月十三日開始刊出。

這項文件立即引起各方注意，政府也立即出面要求停止刊載；經過司法機關層層審理，直到六月三十日，最高法院達成對時報有利的「六對三」判決。時報稱揚這一判決是「法治自由的響亮勝利」。

當這批機密文件取得之初，如何報導，如何決策、衡量，如何才是最公允適當的發表方式，時報法律顧問反對刊載和雷斯頓堅持刊載的理由，以至最高法院判決要義等，本書都有明白的闡述。最精彩也最重要的議論，則是這批文件刊載後的重大影響。

在一般正常情況之下，至少有兩大前提，是處理有關國防軍事新聞所必守的：

第一、當國家處於戰爭狀態，尤其是對外作戰時，國民皆應支持自己的國家，敵愾同仇，義無反顧。新聞界屬於國民一分子，自亦不容例外。

第二、國防機密，與國家安危、戰爭勝負攸關。所謂「一語洩密，三軍覆沒」，明知為機密而刊諸報端，公之於眾，當然與「新聞界也應愛國」的原則有違。

一九七〇年代初期，亞洲各國新聞界大體仍抱著這種看法。事實上，曾為時報擔任法律顧問多年的名律師陸布就認為發表這批文件，不僅「不合適」，也可能「不合法」，因而反對刊載。

但越戰畢竟不是「一般正常情況」，美軍援越，政略上忽略了「民族自決」的前提，戰略上又未能集中全力，追求勝利，最後便陷於戰不能戰，和不能和的困境之中。

在越戰已進入歷史之後，人們可以看得清楚，美國不應捲入戰爭。美國的介入，雖然使越南的赤化延後了幾年，東南亞「骨牌效應」並未發生，但這並不足以證明參戰的道德性和正當性。二十年後，美越建交換使，重開貿易，「療傷止痛」，一切重新開始，那場戰爭好像沒有打過，為越戰付出的犧牲有何代價？

時報轉載的《越戰文件》，揭穿了政府當局隱瞞真相、欺騙民眾的種種情況，民意不再像過去那樣尊重總統、政府和軍隊，而是普遍「存疑」。正因為一九七一年《越戰文件》衝破禁忌，公之於世，一九七八年才會有「水門事件」爆發，報導上刊布的真相，竟迫使高票當選連任總統的尼克森倉皇下臺。

羅森紹總結《越戰文件》事件，是「政府權力」與「新聞自由」對抗的典型。究竟新聞自由有無限制？如果有，誰應對此限制作成決定？限制是否應在新聞刊布之前就作？這些都是非常困難的問題。羅森紹認為，「我們不能重寫越戰歷史，但在這些機密文件發表之後，美國人民至少可以過問，防止了另一場越戰發生。」保障人民「知之權利」，意義應該在此。時報的決定，在法庭上獲得勝訴，在新聞史上也留下了一個重要的例證。新聞自由必須全力爭取維護，才能真正生根。

## 貴在能一以貫之

以《紐約時報》為題的書，柏格（Meyer Berger）所寫的《紐約時報一百年》，有何毓衡先生的中譯本，香港新聞天地社出版。那本書的截斷期至一九五一年為止。

近年又有戴蒙（Edwin Diamond）的《紐約時報：從美國權威大報看新聞處理現場》，有林添貴先生的中譯本，臺北智庫公司出版。《新聞鏡》曾發表譯者的譯後感和盧世祥先生的書評。

此外，以時報為背景寫成的小說和非小說，還有若干種。子堅這本書的特色，它是出於一個具有濃厚東方文化的華裔人士之手筆，在《紐約時報》百餘年歷史上可能是前所未有的一人吧。

子堅在寫完全書之後對我說，他認為《紐約時報》的好處，並不在永遠不出錯（事實上，世間不可能有永遠不出錯的報紙）；而是有這麼一群人，「誠心誠意，日日夜夜，努力想要辦好一份正確的、最好的報紙。」

從本書的每一章節，都可體會出這種自重自律的敬業精神。報社的格言，新聞政策，言論方針，乃至於「風格與用語」，這些典章制度，無分中外，稍有規模的報社都會有的。問題在於能否認真嚴格執行。《紐約時報》同仁以「守道」相互督勵，此所以可貴。

更難得的是，具有百餘年歷史的《紐約時報》，歷經滄桑變化，人事代謝，而辦報的精神和方向，能一以貫之，後先輝映，乃能形成繼往而開來的盛業。

敬業，守道，一以貫之。這是我所體會的《紐約時報》成功的原因。說說不難，真正作到就很不容易。子堅在這本書裡闡述的，正是這「一以貫之」的經過，值得關心新聞事業的讀者細細玩味。

一九九七年四月廿六日於加州

# 新聞之本　義理為先

## 王洪鈞新著《新聞報導學》序

「歷史，是昨日的新聞。新聞，是未來的歷史。」這是比較粗略的說法。事實上，新聞事件必須經過長時間的澄濾，去蕪存菁，才能進入歷史。但不容否認的是，新聞報導如能力求忠實、正確、完整，便必能成為日後最可靠的參考史料。新聞報導與歷史著述的宗旨和方法有極大的不同，但基本精神則頗有相通之處。昔人評斷史家之高下，以史德、史才、史識為標準。新聞記者報導時事，平章是非，不可能享有史家「從容論道」的機會，但無論如何匆促，仍必須力求作到「辨真偽、別善惡、明是非」的作用。新聞報導之難處在此，新聞報導之趣味亦在此。

王洪鈞教授四十餘年前，曾著《新聞採訪學》一書，為國內新聞院校學生必讀的參考書之一，久有定評。王先生不以自滿，於退休後埋首鑽研，以多年來觀察研析的心得，寫成《新聞報導學》，與前書相較，範圍更廣泛、分析更深入，而境界亦更高超。

《紐約世界論壇報》名記者華克（Stanley Walker）於一九三四年寫過一本以《採訪主任》(*City Editor*)為題的書；一九九九年秋間由約翰・霍普金斯大學出版社重新印行。華克的書以記述當時的經驗與觀感為主；在六十五年之後重現人間，除了「發思古之幽情」之外，與實務關係很少。

王教授的新著則與時推移，吐故納新，具有高度的實用性；新聞報導究竟應該如何報導，為何報導，是討論的中心。作者對各種不同的事件、問題，以及採訪與報導的方法，條分縷述，舉證歷歷，相信對於新聞系所的同學以及新進業者，都有啟迪發凡的效益。

此書不僅對於新聞報導的「術」的層次，剖析詳盡；更著意於「道」的弘揚。作者諄諄致意者，一在強調專業主義的理想，一在闡述傳統的言責精神。新聞報導必須超越「術」的層次，講求專業，匯通古今，方足以成一家之「學」。

時代變化萬端，科技日新月異，為新聞事業的發展帶來很大的助力。試想在四五十年之前，今日司空見慣、幾乎家家俱備的電視機、音響設備、傳真機、錄影機等，當時都還沒有，更不必談電子郵件和網路。當年記者傳遞新聞，除了昂貴的長途電話、電報之外，便只有航空郵件——在今天看來真是不可思議。

不過，要強調的是，不論高科技如何迅捷神奇，都不能替代新聞記者的專業精神。自來水筆、原子筆、電動打字機和電腦，的確是越來越便利的工具，但不能保證會出現更多的曹雪芹和莎士比亞。

本書對專業理念和專業者的條件，評述甚詳。循此矩範，新聞媒體就可建立起共信共守的專業規範，維持新聞報導之公正、客觀、準確等必要品質。

專業精神其實離不開人文素養。中華文化的陶冶，應該是每一代中國新聞記者的先務。離開文化的大本，新聞記者便只是工具了。

中國傳統學問，文、史、哲渾然一體，而又各守疆界。清代乾隆年間兩位大學者，經學家戴震、古文學家姚鼐，都指出學問應有三個方面，即義理、考據、辭章。這是自孔子以降，對中國學問的一個總結。錢穆先生對此有所補充：

「一切知識，應以德行、情感為基本。一切考據之學，應以義理、辭章為基本。一言一行不苟且，此是義理學開始；一字一句不苟且，此是辭章學開始。預備了這兩項條件，才能來讀歷史、治史學。」

新聞報導的義理，即新聞道德；新聞報導求真求實，必有不苟且的考據工夫；新聞報導感人肺腑，又必須求辭章之優美生動。三者俱備，方可達成新聞報導的崇高使命。

王先生年事稍長於我，在政大新聞系於我為學長，在新聞界工作則是我的先進。退休之後，寄寓金山灣區，不時往還。每於月白風清之夜，抵掌論天下事，猶不減少壯時期的豪情。欣見老友新著問世，不敢言序，謹贅數語，以代祝賀。

一九九九年十月

# 看晚霞滿天

## 為馬克任新書發表會作

元朝有一僧人，法號與恭，他有一首〈思歸憶母〉的詩，寫得誠摯動人。原詩是：

霜落萱花淚濕衣，
白頭無復倚柴扉。
去年五月黃梅雨，
曾典袈裟糴米歸。

出家人心向世外，塵緣不染，但割不下的是母子的親情。在中國文學中，萱花是母親的象徵。作詩的時候，母親已經去世，不能再靠著柴門盼望兒子。兒子此時回想到去年五月間黃梅雨紛紛的時節，曾把身上的袈裟脫下來送進當鋪，買下米去供養母親。現在，母親已不在了，空留下「子欲養而親不待」的憾恨無窮。

元代文學以曲為尚，詩作遠不及唐宋；與恭與前代的大詩人不能相提並論，但他這首詩傳達的是普遍的親子之情，十分可貴。最後兩句，猶如一幅圖畫。

當我讀到馬克任兄《穿上母親買給我的睡衣》這本書時，馬上就聯想到與恭的詩。同樣是懷念慈親昊天罔極的恩情，生離死別，克任記載他的老母多年前曾到紐約住了三個多月，分別時淚眼相看，心裡有一句話沒說出來，就是「何年何月何日再相見」？

從元代到今天，時空背景完全不同。與恭和尚的情形，可能只是母老家貧，為子者身入空門，沒有辦法使老母安度晚年。馬克任的痛苦，並不在經濟困難，而是由於臺海兩岸的對峙，使多少家庭分散流離，骨肉乖隔，這是這一代中國人特有的悲劇經驗。克任兄能在遲暮之年拜見老母，穿上母親買給他的睡衣，應該說是不幸中之幸。還有更多的人連這樣的機會也沒有。

與克任兄相交，從一九五〇年代算起，超過五十年。我們年事相若，接受新聞教育和後來從事新聞工作的志趣相同。雖然各自在不同的單位裡工作，但大家同樣經歷了那個驚濤駭浪的大時代。臺灣如何轉危為安，由貧困而繁榮，由禁閉而自由，我們可說是親身經歷，「寒天飲冷水，一一在心頭」。

今天的《聯合》報系，已是中國新聞史上最大的報業集團。回顧當年創業之艱，令人覺得不可思議。報社的成功當然是千百人集體智慧的成就，王惕吾先生的正確領導，劉昌平先生主持編輯大計，克任兄在採訪第一線上的拼鬥，以及楊選堂先生在言論部門的努力，都使這份報聲光日盛，後來居上。克任不僅是採訪的能手，對於選訓人才、激勵士氣也有獨到之處。

後來他奉惕老囑託，到美國來打天下。記得《世界日報》創刊未久，我因公過紐約。頭一天華埠剛剛舉辦一次規模盛大的愛國遊行，《世界日報》有非常詳盡生動的報導和圖片。第二天我們見面時，克任很興奮地告訴我，「你看，這麼盛大莊嚴的活動，如果沒有我們報紙，誰能為中國人留下歷史性的紀錄？」在他全力操持之下，《世界日報》今天發展到紐約、舊金山、洛杉磯、溫哥華、多倫多等很多的據點，可說是華僑報業上空前的盛況。克任兄開疆拓土的功勞，是不會被忘記的。

克任這本新著，並不以思親憶往為限，也有自述的意味。我個人覺得，過去半個世紀「臺灣經驗」之可貴，還不在民主政治的學步，和經濟建設的飛揚，而是在它曾經是、將來也仍繼續是，保護中華文化的一座試驗場。特別是當一九六六年以後大陸上發生「文革」十年浩劫時，臺灣真的是兩岸以及海外中國人心嚮往之的希望所寄。中華民族的文化生命面臨絕續關頭，當時的臺灣事實上為中華民族保留了一線生機。克任兄的新書，包含的義理，譬如親子之情，朋友之義，都具有傳承倫理精神的意義。大家喜歡這本書，他自己也很重視這本書，基本的意義當在於此。

我看電影「美麗境界」有一幕令我很感動，就是在 Nash 教授獲得諾貝爾獎前夕，普林斯敦大學許多位教授走到他的面前，把自己的鋼筆拿下來擺在他的面前，表示慶賀與嘉慰。大家沒有講一句話，沒有甚麼儀式，但這種「同行相重」至情之表達，也許比其他莊嚴隆重的儀式來得更為重要，更為親切。今天的集會，似乎也正表示出新聞同業對於一位勤於寫作、充滿熱力的老夥伴的敬意與祝賀。

一年前，我曾接到克任兄的一張賀卡，上面寫道，「……我們都已漸漸步近黃昏，但我們並未衰老，繼續走下去，迎接晚霞滿天」。他的豪情勝慨，不減當年，所以我要藉此機會祝福他，繼續努力寫下去，寫出晚霞滿天。

二〇〇二年七月三日

# 輯三

# 溫故知新

## 從《女兵自傳》看五四精神

### 一

謝冰瑩先生是我國新文學運動裡的一位先鋒人物。到今天，她可能已漸漸成為一位依然很受尊敬，但卻不常被人們提起的「前輩」。時代變了，文學的氣氛也與當年不同。然而，她的作品，如《女兵自傳》，仍有它的時代意義，對於今天的讀者，也仍有相當的啟發作用。謝先生於民國八十九年一月五日，在美國病逝。其人其文，都為後人留下無限去思。

記得行政院文化建設委員會在陳奇祿先生主持期間，對於各項文化工作的推展相當積極；而其主要的精神，在兼顧「傳統與創新」，會中定期舉辦座談，就重要文學作品進行討論，溫故而知新，應該是很有意義的一種方式。

七十七年三月九日的座談，以兩本小說作為討論的主題，一本是王藍的《藍與黑》，另一本就是謝冰瑩的《女兵自傳》。兩本書我都讀過，但自覺王藍和我太熟了，說好說不好都該聽聽別人的；因而承諾了就《女兵自傳》講幾句話。

會中的安排，是請師範大學的黃麗真教授先作評述，而我則是講評人。黃教授的報告很精實，她於民國四十九年在師大讀書時，受教於謝先生門下，二十多年之後，她自己也已是教授了。傳薪火、述心得，這種師生情誼，我覺得十分可佩。她的報告最後一段話說：

「我又記起謝冰瑩那一雙裹過然後放開的『改良腳』，它雖然已經有些兒變了形，但它曾經走過許多地方，並且它踏出的每一個印痕，都是後來婦女昂然走向社會、服務人群，開創一己事業的軌轍，因為她踏穩了腳步，跟在後面的人便履險如夷了。」

「她塑造出一個女權運動者的典型。」

「她是一個永遠的女兵。」

這段話其實已可概括地表達了謝冰瑩其人及其書的意義和價值。一個永遠的女兵。

## 二

謝冰瑩，湖南新化人。民國前五年（一九〇六年）出生。在湖南省立第一女校未畢業，因革命軍北伐的怒潮洶湧，即投筆從戎。她在民國十五年冬天，考入設在武漢的中央軍事政治學校女生部。十六年參加北伐，著《從軍日記》，也就是《女兵自傳》的初稿。

後來她回長沙，走上海，北遊北平，進入女子師範大學，畢業後兩度赴日，不幸因抗日反滿而入獄，曾受各種酷刑。倖得脫險回國之後，至民國廿六年全面抗戰爆發，她組織「湖南婦女戰地服務團」，參加戰地工作。在戰時和勝利之後，她致力寫作、編輯和教書。民國三十七年來臺，應聘為臺灣省立師範學院教授。師院即現在師範大學的前身。到民國六十年，因右腿跌斷而退休，在舊金山附近定居。

記得在民國四十年前後，在各種文藝性集會中常常可以看到謝先生。我的印象是，她在談吐之間有一股英邁之氣，無愧是一位不讓鬚眉的女兵；但她並沒有某些女權運動家們咄咄逼人的聲勢。她講話很坦誠，待人很和氣。對待年輕人都像對自己的子弟學生一樣。她不但沒有「大牌」習氣，而且她自己就一直是「不失赤子之心」的人。

## 三

謝冰瑩從軍在民國十五年，《從軍日記》當時就在報紙上連載。後來改寫成《女兵自傳》，上卷是民國廿五年春天出版的。三十五年中卷問世；到四十五年全書由臺北的力行書局印行。目前流行的則是民國六十九年初版的東大圖書公司版，這是讓作者自行校訂過的版本，「自傳」的正文之外，並收錄了〈我的青年時代〉、〈女兵生活〉和〈大學生活〉等三篇，對於理解作者的寫作背景，亦有助益。

據作者自序，此書不僅國內和海外，曾有許多版本，且亦譯為英、法、德文等版本。韓文譯本有三種，日文譯本有四種。可見國際文壇對這本書的重視。此書所寫的動亂滄桑，去今已超過半個世紀。而至今仍然是一本「活」的書，是值得閱讀、討論，並且可以從書中得到鼓勵和慰藉，這就是它的價值了。

謝先生比我年長約二十歲，彼此的生活經驗、觀念，乃至對文學的鑑賞創作等等，可能都有許多的異同之見；甚至單在文學技巧方面，也可能有些差別。但是，對於她面對時代的狂飆驟雨，挺身而起的這種勇氣，我是十分的佩服。謝先生是五四時代之後新女性即知即行的一個典型。如果我們接受「文格即人格」這種說法，或更可在詞藻、結構之外，看出半個世紀之前的另一代青年人的精神。

《女兵自傳》不列章次而分為小節，每節各有題目。計算下來共為八十一節，正文部分共三二一頁。大致可以分為以下幾個大段落：

第一個段落，從第一節「祖母告訴我的故事」到第十八節「初戀」，主要是關於童年、家世的敘述；其中「未成功的自殺」是寫她為了爭取讀書受教育的機會，不惜以死相爭——這在實行九年國民教育的今天，是不可想像的事。由此，亦可見時代變化的疾劇。其中「初戀」雖然筆墨間頗為含蓄，但刻劃一個少女熾熱的感情，甚為生動。男女相悅之情，基本上是並不因時代而異的。

第二個段落，由第十九節「當兵去」到第廿九節「歸來」，即是從軍日記的主體，謝冰瑩之為女兵，這一個段落是其主體。其中如「打破戀愛夢」那一節裡有這樣的話：

「……她們最迫切的要求，只有兩個字——革命！她們把自己的前途和幸福，都寄託在革命事業上面。人生需要創造永久的幸福，創造全人類大家享受的幸福；戀愛是個人的私事。大家在願把生命獻給國家民族的堅決信仰中，戀愛不過是有閑階級的小姐少爺們的玩藝兒而已。」

「真的，這就是我們當時的思想，這就是我們當時對於戀愛的見解。」（七十七頁）這樣的見解，在今天的青年人——至少有一部分青年人，不免覺得是可以「付之一笑」的八股吧。說是無妨說說，甚至連說說也覺得不屑；於是便形成了另一種低潮，在文藝上便也出現若干反八股的八股。

不過，謝冰瑩把個人與國家，戀愛與革命，完全放在互相對立的地位，其說亦大有論辯的餘地。個人的私事與國家民族的命運，常常還是互有關聯、互有影響的。譬如戀愛，也並不都是「有閑階級的小姐少爺們的玩藝兒」。即從此書的後文亦可證明，戀愛之夢其實並沒有「打破」。

但是，我也要強調，一個人能莊嚴地遵循其見解去生活，所謂「說到作到」，本身即是一件了不起的事。謝冰瑩並不是說說就算，而是把自己的生命投注其中。她的實踐，使她那在今天看來有些像標語的口號似的見解，有了更大更深的感染性。

第三個段落，從第卅節「被母親關起來了」到第四十一節「奇遇」；她從軍中回到長沙，為了要反抗「封建式的婚姻」，四次奔逃離婚；在今天的年輕人可能也會有不可思議之感。可是，父母之命的包辦式婚姻，類似的悲劇直至今日也不能說完全沒有。謝冰瑩之勇敢，不僅是由反抗而成功的一個孤立的例證，而且對於當時的青年男女，是一種震撼。

第四個段落，從第四十二節「來到了上海」到第五十八節「黑宮之夏」，寫的都是四處流浪的生活。她寫那個時代的所謂「亭子間文人」，忍受物質上的痛苦與折磨，而始終不放棄對寫作的熱愛與執著，都是很感人的。「慈母心」那一節，從母女之間極端的對立，重新體會到親情之可貴，是全書裡最為動人的篇章。

她重新體會到慈母的關愛，想要跪在母親的面前求取寬恕，她當時的感想是：

「……四年來，我飽嘗了人間的酸苦，受盡了命運的折磨；我坐過牢、餓過飯，也生過孩子；現在還在過著流亡的生活，前途茫茫，母親啊！何日才是我真正得著自由幸福的時候？」（二五六頁）

這樣樸素的感情和文字，毋寧是反映著後五四時代的青年們的幻滅感。有「破」而無「立」的人生觀，仍不免以親情作為最後的歸趨。

第五個段落，也即是全書最後的一部分，自第五十九節「驚人的新聞」到第八十一節「戰區巡禮」，是寫九一八事變到七七抗戰那幾年間的艱苦而屈辱的歲月。謝冰瑩兩度赴日留學，曾經抗日反滿（即九一八以後的「滿洲國」）而坐牢受刑。回國之後投身戰地服務工作。在鄂北、豫西、襄樊前線，大別山麓，冒著出生入死的危險，受遍飢餓寒冷的侵襲，這些經歷，作者祇是平鋪直敘，略無渲染過情之處，但從這些片段之中我們可以多少更認識了中國抗戰的悲壯與慘烈，被壓迫、被侵略的民族，終於挺身而起，浴血奮戰。那不祇是塵封的往事，更不是難以相信的神話——這都祇不過是五十年前的活生生的事實。然而，對於今天的青少年們而言，好像都已是上古史了。

以上所述，略可見《女兵自傳》的梗概。

有人說，一切的文字，或多或少，直接間接，都有作者自傳的意味，一本以「自傳」為題的小說，當然更是如此。不過，小說畢竟不同於歷史，小說家言，其中總難免有（也應該有）作者自己的取捨增刪，而不需完全局限於事實，如《紅樓夢》所謂「甄士隱」，就是要把真實隱去，但這無傷於《紅樓夢》的偉大價值。《女兵自傳》裡多少有一點，是有所「隱」的。

## 四

《女兵自傳》中作者沒有說得很清楚的，就是民國十五六年間的大環境；因為這一點與從軍後的發展有關。過去曾聽別的朋友們談過，但未見之於文字。這一點，值得稍加清理。

書中所記，當時在長沙考取的，男生二百人，女生五十人，到了漢口，「我記得很清楚，是十五年十一月二十五日的下午，我們搬進了中央軍事政治學校的女生隊。」（六十九頁）

這一批熱血青年，先是「女生隊要挑選二十個出來組織宣傳隊隨軍北伐，第一個目的地是河南。」（七十九頁）

但在等待命令的時候，又接到緊急命令，「而敵軍已到了汀泗橋，要我們立刻全體動員參戰……把我們組織成一個中央獨立師，第二天清早出發。」（八十一頁）

其後經歷了一個月零四天的戰事，「如今告了一個段落，我們是高奏凱歌歸來了……我們最大的勝利，就是從軍閥手裏得到整千整萬認識我們、信仰我們的民眾。」（九十一

頁）

但是，在七天之後，部隊裡一個連長在夜間宣布：

「為了有少數搗亂份子在裡面作怪，上面有命令要解散你們；從明天起，各人回到自己的家裡去，暫時忍受一點苦痛；現在每人發十天錢的遣散費，趕快拿去做衣服，軍裝不能穿了。」（九十二頁）

謝冰瑩當時的感受是：「這是晴天一聲霹靂，午夜的一顆炸彈，它彷彿要炸破兩百多顆熱烈的心，炸破兩百多人的生命。」而在讀者看來，也覺得這一發展過於突兀，得不到合理盡情的解釋。

為什麼轟轟烈烈的從軍行，僅僅入伍幾個月時間，而且是剛剛「高奏凱歌」之後，就因為發現了「搗亂份子」忽然要被解散呢？這豈不是草率得近乎兒戲嗎？

真正的原因，應該不在於「少數搗亂份子在裡面作怪」，而需要從大環境中去索解。根據「民間大事日誌」和大事年表等資料，可以看出當時國民革命積極開展，但也相當混亂的情勢。所謂「寧漢分裂」正好是在那個時候發生。

民國十五年七月九日，「國民革命軍總司令蔣中正舉行就職禮，誓師北伐。」

民國十六年四月一日，「武漢政府受共產黨徒劫持，下令免蔣總司令職務。」

同一天，「汪兆銘由歐洲返國，經莫斯科抵上海。」

四月二日，「中央監察委員會在上海舉行會議，通過吳敬恆請查辦共產份子謀殺案，並審查中央執行委員。」

四月十二日，「中國國民黨實行全面清黨，上海總工會赤色工人糾察隊被我駐軍白崇禧部繳械。」

四月十八日，「國民政府定都南京；通令全國，肅清共黨份子。」

四月二十五日，「共產黨在武漢召開第五次全國代表大會，決定武裝黨員農工，準備建立『蘇維埃』政權。」

五月五日，「中央常務委員會及各部長聯席會議，通過『清黨原則』六條，並組織中央清黨委員會。」

同日，「蔣總司令發佈總攻擊令，命各軍渡江北伐。」

五月十二日，「駐守湖北宜昌之國民革命軍獨立第十四師師長夏斗寅，率師東下，討伐武漢共黨。」

六月二十七日，「駐武漢之第三十五軍軍長何鍵，發表反共宣言，要求汪兆銘、唐生智與共黨分離。」

七月二日，「武漢方面解散共產黨機關。」

以上所列，都是與「寧漢分裂」有關的重要事實。

國民革命軍北伐，主要的對象，乃是當時擁兵百萬、割地自雄的軍閥，如孫傳芳、吳佩孚、張作霖等。渡江北伐的軍事行動，也都以此為重點。所謂「寧漢分裂」，則是國民黨內部的一股逆流。蘇俄顧問鮑羅廷，利用黨內一部分人的意見參差，導演出這一幕悲劇。

俄共最初是不願見到國民黨努力發展，所以對北伐大計多方阻撓；可是北伐既為民心所向，出師以來，勢如破竹，鮑羅廷阻撓不成，便利用所謂「左派」來攘奪北伐的果實，所謂「武漢中央」，既無社會基礎，又無軍事實力，雖然造成一時波瀾，但不過幾個月就告土崩瓦解。

就時間和情勢來看，謝冰瑩當時所參加的，很可能是那一個假藉名義的團體。亦唯有如此，前述「倉促解散」的突然轉變，才有合理的解釋。

旁證不止於推斷。譬如在長沙招生、在武漢入學的「中央軍事政治學校」，這名稱就是個疑問。　國父在民國十三年在廣州黃埔創建軍校，並命蔣公為校長，當時正式的校名是「陸軍軍官學校」。所謂「武漢中央」為了達成魚目混珠的作用，在許多組織上、職銜上的名稱，都襲用正統或近似的名稱，「中央軍事政治學校」亦其一例。

這是《女兵自傳》寫作時的大環境，今天的讀者需要了解。

但是，我要強調的是，我們並不因為這一段經過而稍減對謝冰瑩的敬意。

為甚麼?

因為當時國內的政情十分混亂而複雜，波譎雲詭，變幻萬千。當時民心所向，祇是希望打倒軍閥，希望國家統一；所以對於國民黨領導國民革命，領導渡江北伐，是人同此心、極表支持的。但是對於派系之間的門戶戈矛，尤其是以俄共為背景的赤色勢力，翻雲覆雨，挑撥滲透的真相，一般人了解不多。

而謝冰瑩先生當時祇是一個二十年華的少女，師範學校還沒有畢業；她祇是和當時的熱血青年們一樣，勇於投身國民革命的洪流之中，打倒軍閥，救國救民。老實說，連當日在政壇上居於領導地位的人物如汪兆銘等，都會上當，都會被人利用，又何能責備二十歲的青年人受到了矇騙呢？

但是，這一事例，對於青年人未始沒有教育的作用：熱血激情，固然可貴；但在進退自處之際，更須多加理智的考察。很多口號聽起來是很神聖的；但自古至今，總是有人利用一些冠冕堂皇的口號，來迷惑世人，鼓動青年。是非真偽之間，需要作審慎冷靜的判斷。在動盪的時代中，青年人尤其要能勵志自勉，使理智與感情達到均衡而不至偏激。

## 五

由個人的結合而成社會，而成國家。個體與群體之間不僅互相依存，也互為影響。謝冰瑩是五四之後的一位典型人物。在新舊交替而又激烈衝突的背景之下，青年一代身受不合理、不合情的遭際，自然而然便起了反抗之心。像謝冰瑩的母親，便認為女兒家的三件大事是：「裹腳、穿耳孔、出嫁。」而出嫁的標準，主要無非是為女兒打算要後半生有靠。父母愛兒女，純潔無私，這是當時的（甚至現在的）心態。但在謝冰瑩那一代的青年人看來，婚姻要自主，要以愛情為基礎，這是天經地義的事。於是這種衝突便到了無可調和、無可妥協的境地。

青年人解決這種難題，方法不止一種。謝冰瑩所採取的便是從軍。

「……因為這年的冬天，母親要強迫我出嫁，要想逃脫這個難關，就非離開家裡不可！但是往何處去呢？一個未滿二十歲的孩子，身無半文，帶著一顆從小就受了創傷的心，能往何處去呢？」（五十七頁）

這時，特別同情她，並且鼓勵她去從軍的，是她的二哥，因為他自己「受包辦婚姻的痛苦太深」。

所以，作者說——

「我相信，那時女同學去當兵的動機，十之八九是為了想脫離封建家庭的壓迫，和找尋自己出路的。可是等到穿上軍服，拿著鎗桿，思想又不同了，那時誰不把完成國民革命，建立富強的中華民國的擔子，放在自己的肩上呢？」（五十七頁）

這種坦率真誠的自述，頗足以顯示謝冰瑩的性格；我們也可相信，這是當時相當普遍的心態和行為模式。把個人的自由與出路，和國家的命運和前途，合而為一；而且相信這樣做便可以「畢全功於一役」。反抗現實，當然是為了追求一個更好的未來。不幸的是，反抗之後，「未來」卻未必更好，有時甚至更壞。

但是，這種勇往直前、甚至不惜孤注一擲的情懷，是壯烈而純潔的。她雖然是為了要打破自己的難關，但她所走的路是絕非出於百分之百的自利，而有著更多的利他的動機。後世之人可以批評那一代青年為幼稚衝動，但也不能不為了他們這種投袂而起的柔情而生同情的嚮往之心。

在這一點上，我們可以檢討五四，以及五四以來的某種心態和精神。

關於五四運動的背景、經過和評價，中外專書論著已多。本文不必益加申論。余英時先生有〈「五四」文化精神的反省〉一文，要言不煩，議論平實。我覺得在討論《女兵自傳》時，亦大有參證之益。余先生所論者是文化精神的全面，文藝作品則是具體化的故事。

余先生文中有幾個重點：

「五四」運動的基本問題，乃是如何除去中國文化之「舊」，而取西方文化之「新」；其偉大的意義之一，在於「文化的自覺」。

在民國八年發生的「五四」之前，中國已經有過太平天國，清末的洋務運動、立憲，以至於辛亥革命等一連串的社會政治運動；可是一直到「五四」才正式形成整個民族文化的普遍覺醒。

在消極方面，「五四」的文化運動者要「打倒孔家店」，並要以「科學方法整理國故」，要「重新估定一切價值」。其說法不免有情緒化的成分。但也顯示了他們已經感受到：閉關自守，唯我獨尊的態度，不足以解決新的問題。

在積極方面，他們追求西方近代文明的主要成果——科學與民主。他們的理想是崇高的，影響也不能說不大，但最後的結果卻是得失互見，甚至理想幻滅。

檢討「五四」的功過，可以看出「五四」作為一種文化運動，根本毛病在於有「破」無「立」，或僅能「除舊」，未能「更新」。這也是一個早熟的文化運動無可避免的病症。

當時的共同精神，充其量祇能說是極端的個人主義。「五四」時代進步知識分子都特別要求個性解放、獨立精神，反對一切權威。他們由於嫌惡中國傳統倫常關係有不盡合理之處，竟至連帶及於仇視一切人與人的關係。於是，在他們的心目中，便祇有孤立的個人，而沒有整體的社會。所謂「打倒吃人的禮教」之類的口號，正是這種極端心理的反映。這也正說明了中國社會仍處於解體階段，而未能進於重建更新之境。

余先生認為，如果「五四」運動僅僅是有「破」而無「立」，則仍可以在積極方面無大過。不幸這原來是「除舊」的運動，卻普遍被人們當作「更新」的運動來接受，實際上它本身便缺乏一種完整的新精神。而當時之被一般人認為的「新」，分析起來依然是破壞性的。「五四」運動一方面要徹底剷除中國的舊傳統，又給予人們對西方文化無限的新希望；而另一方面它在真正新文化社會的建立上，竟空無所有。

我個人認為，余先生這番對「五四」的檢討，實在很深刻、很公允。在謝冰瑩的《女兵自傳》裡反映出來的，也正是「五四」之後反對傳統的倫理、傳統的觀念的一個具體表徵。作者對父母的抗命，對包辦式婚姻的痛心疾首，乃至一再發出了反抗的呼號，正如作者在想要自殺之前說——

「……封建社會，這殺人不見血的惡魔，每天都張開著血嘴，在吞吃這些沒有勇氣奮鬥的青年，你也甘願給它吞下去嗎？而且，你應該進一步想想，自殺是多麼愚笨的事呵，你死了，舊社會少了一個叛徒，即使你沒有勇氣拿著鎗，跑上戰場去衝鋒殺敵，也應該作一點於人類有益的工作呀。」（一一〇頁）

這一段作者自問自答的話裡，充分流露出五四時代的流行心態。面對著「殺人不見血的惡魔」，似乎祇有兩條路走：反抗或自殺，這種激昂慷慨的詛咒，在當時是那樣容易被接受、被相信，甚至成為一種無可置疑的信仰。

但是，事實的發展，卻顯示出這種激昂慷慨並不一定能解決問題；有時祇是造成另一型的悲劇。

「父母之命、媒妁之言」的包辦式婚姻，造成了很多的不幸，這是事實。但這並不意味著完全擺脫了父母之命就必然得到了幸福。《女兵自傳》提供了很切實的反證。

青年男女的生活裡，戀愛是很自然的事。但是，作者在「愛是恨的爭鬥」的那一節裡，寫出了處於兩個男友之間的苦境：一個是她後來結婚並且生了一個女兒的「奇」；一個是遠從廣州趕到北平來的「鴻」。三個人之間由友情、嫉妒而生誤會，以至於要臥軌，要動刀，要寫血書等等，結果是：

「從此，我們的心靈上有了深深的傷痕，我的精神經過了這一次打擊之後，真是萬念俱灰，再也沒有豐實人生的樂趣了。」（一三四頁）

在「做了母親」那一節裡，作者很忠實地寫出了當時的種種窘況；譬如：

「是我病倒後的第二天晚上，我請求奇在十一點鐘以後，來沖代乳粉給孩子吃；他因貪戀打牌的緣故，早已忘了這件事。孩子哭得隔院的人都聽到了，我又打發隔壁的楊媽和士楷去叫了他兩次，他居然置之不理。」（二三六頁）

一個不負責任的丈夫和父親，一個賭徒；在孩子生下來還祇有二十天，就因案坐牢，害得年輕的妻子要去奔走營救他。而且——

「他在獄中，並沒有反省他對我的態度，還在寫很長的諷刺詩，寄給一個在漢口編報的友人，說我是個如何有虛榮心、如何殘酷的女性。我之所以和他破裂，為的要去和一個有錢有地位的人去結婚。」（二四一頁）

這種行為和心術，比起嗜賭更不可原諒。

作者筆下的奇，是個「褊狹憂鬱，猶豫不定，有時又喜歡投機取巧的人」。和作者自己的豪爽、坦白、痛快、堅決、拿得起放得下的性格，自不相投。作者在「他正在獄中受難的時候」，不忍訣別，可是，她也禁不住發出這樣的哀嚎：

「我並不怪你，祇恨我們自己太糊塗。為甚麼要使兩個不同性格的人相愛，結果祇落得一個這麼悲慘的下場！」（二四二頁）

這樣沉痛的自白與反省，也就反映出五四時代的幻滅感。自由的戀愛，其結果竟至如此！

當然，這並不足以證明「父母之命」就是更好的、合理的；更不能說「還不如原來的老辦法好些」；回頭舊路不能走，但從切身的經驗中已經充分說明了：「破」並不就等於「立」。打破了包辦式婚姻的格局，並不能保證一定就有幸福。百依百順固然不妥，完全放任也並不是辦法。兩種極端其實都會造成悲劇。自由的悲劇也許使人更感絕望——因為那是人自己的選擇。

## 六

《女兵自傳》是半個世紀以前的作品，寫的是六十多年前的事：中國的苦難，中國人的苦難。

當時的波瀾壯闊的事件，如今都已進入歷史。

謝冰瑩的勇往直前，為個人的自由而抗爭的勇氣，值得敬佩。

她為了愛文學、愛國家所受的種種磨難，令人嚮往。

而她的某些錯誤——青年人難以避免的某些選擇，在經過了漫長歲月之後，即使我們不必完全表示同情，至少是覺得可以寬諒的，因為年輕的緣故。但也由此而應該有所省思。

我在想，這同樣的題材，同樣的經歷，如果讓張愛玲、潘人木、潘琦君，或者更年輕的一代，像蔣曉芸、朱秀娟、廖輝英她們來寫，會是甚麼樣子？這樣的想法是不切實際的。因為，她們各有不同的風格，不同的生活體驗，不同的人生。

在不同的時代裡，該有不同的「女兵」吧。

一九九八年四月二日「中華日報副刊」
（二〇〇二年七月七日修訂）

# 朱介凡的《中華諺語志》告成

## 一

一個人能夠依其志趣，認定一個目標，終身以之，這是很值得欽羨的事。憑著這種持之有恒的努力，作出一些成績來，更是令人敬佩的事。

朱介凡先生以其大半生的精力，編著《中華諺語志》，全書十一卷，由臺北商務印書館出版。這是他平生志業所在，大功告成，至為可賀。從民俗文獻的蒐集與研析著眼，《中華諺語志》可能是同類著作中規模最大、搜求最廣的作品，介凡以一人之力，獨成斯篇，這種毅力恒心，足為青年人的激勵。對於眼前流行的「輕薄短小」之風，不啻是一番身教。

介凡兄，字壽堂，湖北人，他與中華民國同庚。生逢亂離之世，少壯從戎，足跡遍四方。他之致力於諺語的工作，是由於一個很偶然的機緣。

介凡兄自十七歲初習寫作，十九歲住在武昌一小樓上。樓下房東陳老太太，說話時「每引諺語為證，聲音宏亮，使我屢屢闔書停筆，來記載她所傳述的諺語」。這是他對諺語發生興趣的開端。那年便完成了《武漢諺語鈔》，當然是業餘性的試驗。

民國二十五年，他到河北省曲陽縣，把諺語採集的工作，「擴展為全國性」，走上了「不歸路」。介凡雖為南人，但他說他和我們河北省「具有特殊的感情」；隨軍轉戰，河北各縣他幾乎跑遍，比他家鄉的湖北省還要熟悉。民國廿六年抗日戰爭爆發，他在敵前敵後作戰。廿八年調駐陝西西安的王曲，日本飛機不斷轟炸，雖當軍書傍午之際，對於諺語的蒐集和整理，亦未中輟。

民國廿九年，「開始諺學研究，一切閱讀、思考」，皆以此為主。當時他服務於中央軍官學校第七分校，歷年師生四五萬人，公餘之暇，都成為他採錄南北各地諺語的來源。

為了諺語的採錄和探討，介凡結交了很多同道的朋友，都因共同的愛好而互相切磋，提供資料。

民國卅一年，他在西安「拜師黎錦熙先生」，黎先生為語文學名家，是倡導國語的健將，多年前去世。黎先生在本書前有〈談諺語及中國大辭典〉一文，對諺語研究頗有親身體驗的獨到之見。文中有論及「諺語性質之分類問題」，特別指出：

「此事如獲確定的圓滿解決，則不但在研究上樹立基礎，即蒐集時亦大可省去前項整理索引之手續。但解決實至不易，因須站在『民俗學』及『倫理學』（人生哲學）之立場，以建分類之標準，而諺語中頗有涉及自然界等等方面者，不盡為民俗學所範圍，直須從宇宙現象確定一大系統也。」

編目分類是圖書館學的基本工夫。執簡馭繁，必須從「細分子目」入手。黎先生的建議是，治諺語之學，亦須自始就注意「細分子目」，庶可免歸類時「屬性之游移」。

「蓋游移之病，不在『歸』而在『類』，『類』準正確，『歸』路鮮明，倘可兩屬，不妨互見也。」

這兩段話是《中華諺語志》在編次過程中奉行不渝的方針。

全書正文十卷，共五、〇七七頁；第十一卷為「索引」，七九四頁。內容均依諺語的性質，分為人生、社會、行業、藝文、自然等五大部門。其下分依哲理、德行等三十二大類。大類之下，再分一百五十七小類。小類之下，列一千七百八十九項細類。全書所收諺語，共計五萬二千一百十五則。連同作者的說明和補注，全書達五百萬言。

全書的分類，大體參照「圖書十進分類法」的架構。諺語性質紛繁，介凡這一選擇相當明智。儘管讀者對於他的分類未必全然同意，類準是否完全正確，歸路是否十分鮮明，都可能有異同之見。但是，如果沒有這樣一個架構，這五萬二千餘則諺語，將像一鍋八寶粥，不能成為「易檢易索」的工具書，其運用與參閱的價值就不可同日而語了。

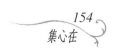

## 二

諺語之為貴，首在於其平易近人，生動活潑，即如《韋勃斯特大辭典》中所說，諺語是「簡短的警句，流行的俗語，重複使用轉為簡而有力的格言」。諺語非個人的創造，而是在眾口流傳，「重複使用」而後定。眾人可以接受，樂於複述，不僅由於它通俗生動，也因為它「表現某些道德箴言或公認的真理」。諺語之值得重視，不僅因為它是俗文學中經過淘練的精華，也因它在平民生活中那種近乎潛移默化的社會功能。一句「諺云」，有時比聖哲名言更具雄辯力。因為它不是甚麼高深精奧的道理，而是從生活中孳長的日常養料。

朱建民師在序文中，引述《英國諺語》一書作者哈茲立特（W. C. Hazlitt）列舉諺語的六種特徵是：簡短、易解、通俗、比喻、古老，及真實。這六項特徵，也很具體地說明了諺語之所以能從日常語言中凸顯出來，而且廣為流傳的原因。

諺語屬於語言學，尤其是俗文學中的一支；由於其內容之豐富，與倫理學、民俗學、社會學、文化人類學，以至修辭學都有關聯。而且還含有神話、傳說、歷史故事、人物、天時、地理等因素。我個人認為，諺語即使不一定能看作是一個民族思想的精華，卻是相當程度地反映出一個民族的生活經驗——包括好的和壞的經驗在內。因此可說是民族性格的反映。

諺語，最初其實也只是一句或幾句日常說的話；因為它簡短、生動、能夠活潑潑地呈現出來一段道理，所以重複引用，自然而然眾口同聲，成為語言裡特殊的一部分。語言本來就是不斷成長、不斷變化的。語言的內容常常與社會環境、生活條件等相應而變化。有些新的語言內容，因新的環境和事物而創造出來；也有些是因時過境遷而漸漸少用乃至「死亡」。

諺語則因其特殊的內容和風格，保持了生命，有時也有一些增益、轉化、或因時因地制宜而逐漸有某些修正，使其內容更為多采多姿。

諺語乃是最平民化的文學，因為它來自民間，經過眾人的同意和時間的洗鍊，而後才能流傳下來，就其社會功能而言，更可說是「平民的格言」。

我國歷史悠久，地廣人眾，方言龐雜，在昔交通不便之時，各省都有地方性特色，諺語之豐富，可能為世界各國之冠。介凡是自民國十九年開始編成《武漢諺語鈔》，到民國七十八年《中華諺語志》出版，前後歷時六十年的光陰。誠所謂少壯立志，白髮功成。畢生心血，都投注在這本「集諺語之大成」的作品裡了。

## 三

我在瀏覽《中華諺語志》之後，有幾點感想：

第一、語言文字是民族文化的組成因素之一。而諺語純粹起自民間，更反映出中國人堅忍仁厚的性格。

中國文化最大的特色，是對於「人」的重視，所謂人本主義、人文精神，不僅見於聖哲經典和各種史獻，亦深入於一般民眾的內心。風俗習慣，人情世理，都有以人為本的道德倫理觀在內。《中華諺語志》裡〈人生篇〉最為豐富，約佔全書內容十分之四，「禮俗」部分纂述亦多。雖然因時代變易，不見得都能適用於今日，但其中絕大部分至今仍是「活的語言」，而且對於一般人的言行思路，仍有相當影響的力量。要瞭解中國人之為中國人，這些諺語不失為生動淺顯的指標。

其次，人皆重視鄉土社會的風習傳統，〈地理風土篇〉將及全書十分之二。從中原各省以至蒙古、新疆、西藏，均有收羅。臺灣為復興基地，蒐集亦多。這些諺語反映出各地風土人情，無形中證明了中國的大一統之局，自有其文化上的脈絡淵源。「殊相」之中自有「共相」。

第三、在五萬餘則諺語中，介凡除了作分類編次的工夫之外，並記述其來源，必要時有所補注。有些注腳自成頗有趣味的小文章。

第四、在介凡的序文以及散見全書的補注裡，他舉出古今中外許多與諺語有關的著述，從最古老的到現代的，有些書已告失傳，有的書雖非絕版，但已甚為罕見。這些引述自有存目和參考的價值。

同時，介凡更常常提到他與各地諺語師友同道的交往（主要都是為了共同切磋有關諺語的研究）。從黎錦熙、齊如山、齊鐵恨諸長者以次，中外人士前後有數百人。所以本書雖成於一手，也可說是集結了眾人的智慧心得。

介凡兄少壯從公，沒有機會接受經院派治學的嚴格訓練；可是，從他治學之精勤謹密而言，大體與學術標格暗相吻合。書中自敘他如何蒐集諺語，製成卡片，四處嚶鳴求友，搜購圖書資料，以及這部大書出版所經歷的種種曲折，都令人心感無已。

# 四

我與介凡兄論交，將近四十年。記得有一年我們相偕到金門前線去訪問（我已記不清年月，事在八二三砲戰之前）。我們在砲兵陣地外佇立遠眺。介凡兄忽問及我的年庚，我當時大約是三十歲左右。他便告訴我一句諺語，「三十歲前人吃土，三十歲後土吃人。」他解釋說，照古老的農業社會的規律，視三十歲為一個人成長的分界點。三十歲之前成長茁壯，三十歲以後是盛極而衰的開始。彼時我因在報社中作大夜班的工作，面色蒼白，介凡殷殷致意，要我珍重起居飲食，友情可感。而他引用那一句諺語，過了幾十年依然記憶猶新。是亦可覘諺語平易近人而生動活潑的感人力量。

介凡兄為人清平耿介，與世無爭。把五六十年的精力和光陰，投入諺語研究之中。今以七十八歲之年，欣見此書出版，當有了卻心願的快樂。《中華諺語志》究竟在學術上、文化上有多麼高的價值，非我所能妄論；依其性質，更不大可能成為暢銷書。但我相信，今後任何人要探討中國的諺語世界，這部書都是必要的參考工具；也可說是截至今日最豐富的庫藏。昔人有謂，「這個世界屬於熱心而冷靜的人。」介凡兄以其一貫的熱心，不畏煩難，耐得寂寞，有志竟成，誠如夏承楹兄所讚揚的，「君臨『諺語世界』乃無足異了。」這種熱心與冷靜，也許正是我們這個紛繁錯亂的時代中極其需要的。

一九八九年十二月三日「中央日報副刊」

# 醒悟吧！

## 回應陳映真〈精神的荒廢〉一文

四月二日—四日的「聯合副刊」上刊出陳映真〈精神的荒廢——張良澤皇民文學論的批評〉。站在中國人的立場，對所謂皇民文學論加以批判，本來是義正辭嚴的事。可惜陳映真又犯了他「挾泥沙以俱下」的老毛病，對反共愛國妄施曲解，重彈其「階級論」。儘管二十年來世界經歷了驚天動地的變化，陳映真偏執依舊。

陳文裡有一段題外的話說——

至於「愛國」教育，恐怕也要分別那一個階級、那一個集團的愛國論，楊逵被判刑十年，理由據說是「愛國過激」。彭歌指責鄉土文學派「愛國過於激切」而必欲置之於死地。

陳映真這句話，可謂汙衊、造謠，兼而有之。對於這種含血噴人式的指控，究竟何所據而云然？他說我要把鄉土文學派「置之於死地」，毫無根據，祇是他「小左」偏執狂的一種幻想！

我既沒有將任何人「置之於死地」的意圖，更從來沒有想到過用「置之於死地」的手段去解決文學上的爭議。陳映真的指控，太荒謬了。

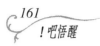

## 反對文學論為鬥爭工具

關於所謂「鄉土文學論戰」，我寫的文章題目是〈不談人性，何有文學？〉強調人性，是全文的主旨所在。共產黨的御用理論，武斷地認為人性是有階級性的，無所謂普遍的人性。文學也是有階級性的，所以，照毛澤東的理論，文學是階級鬥爭的武器和工具。

根據我大半生讀書閱世的體驗，我確信，中外文學界許多位前輩的理論正確，普遍的人性是存在的；人間的善惡是非，不能用階級論一筆勾去。古今中外的偉大文學，更絕不是憑著「階級論」就可以評定高下是非的。我那篇文章中批評的並非鄉土文學，而是假借鄉土文學之名，散播階級仇恨的某些作品。結論是，我反對文學作品的工具化、武器化，尤其反對文學作品淪為階級鬥爭的工具和武器。

至於楊逵老先生為了甚麼理由被判刑，我完全不知道，我讀楊先生的作品不多，從沒有見過其人，他是否「愛國激切」，我並沒有甚麼印象，陳映真扯上這麼一句，不知其用心何在。

愛國大義，原為人性之本然，其實也正是普遍人性的例證之一。陳映真卻說，「至於愛國教育，恐怕也要分別那一個階級、那一個集團的愛國論」。換言之，祇有某一個階級、某一個集團的愛國論，才是真正的愛國。其他的階級、集團，要愛國也是不行的、不正確的。天下豈有這樣跋扈囂張的道理？

## 反對共產主義的獨裁專制

在談到第二次大戰前後的國際情勢時，陳映真再度吐露左派宣傳的腔調，以偏概全，曲解歷史，為共產黨大肆吹噓，他說：

強烈的反共政策和殘暴地肅清、鎮壓各左翼人士的團體，是德國、義大利、日本法西斯主義的共同政策。而領導世界反法西斯鬥爭的核心力量，正是各國、各民族共產黨領導的民主、民族戰線。

其實，反對共產制度的獨裁專制，出於人性，凡是具有自由思想、民主信仰的人，終必與共產黨不能相容。在傳統中國，以孔孟為代表，倡導仁愛忠孝的儒家思想，被共產黨視為死敵。現代思潮中，胡適之先生更是被共黨批鬥不已的對象。由人性出發的反共論，與德義日法西斯的鎮壓，是完全不同的兩回事。

再從政治現實上來探究，當日本帝國主義者瘋狂侵略中國之時，蘇聯大獨裁者史達林與當時的日本外相松岡洋右擁抱熱吻，簽下「互不侵犯協定」，助長了日本軍閥侵華的兇燄，這是舉世皆知的事實。

在歐洲，史達林也曾與納粹德國苟合，簽約合作，瓜分波蘭。以蘇聯為首的國際共產黨，何嘗是甚麼「領導世界反法西斯鬥爭的核心力量」？後來希特勒揮師北指，猛攻莫斯科，史達林才放下了首鼠兩端、兩面投機的身段，加入中美英對抗德日的陣營。在大戰後期，蘇聯接受大量的美援，飛機、坦克之外，連士兵的皮靴也是靠美國供應。在世界反法西斯鬥爭中，共產黨貢獻有多少，歷史上已有公正的記載。陳映真的說法，經不起事實的驗證。

## 愛國反共教育的時代背景

更重要的是，共產黨在掌握政權之後，其對內統治之嚴酷，較法西斯政權有過之而無不及，史達林在一九三〇年代的大整肅樹立了「先進楷模」，各國共黨依法炮製，中共在延安時期的整風，建政以後的多次鬥爭，到「文化大革命」那十年浩劫，殘酷暴烈，曠古絕今。六四天安門慘案更是震驚全球。陳映真如果真心關切人權自由、反法西斯暴政，對此種種，焉可採取不聞不問、裝聾作啞的鄉愿態度？

正是在這種時代背景之下，所以才有愛國反共的教育。臺灣若非一九五〇年代以來種種反共防共措施，當時很可能繼大陸之後而被赤化。此後大陸上發生的悲劇，包括「文革」在內，臺灣又何能倖免？不必說四人幫當權的十年間，劉少奇之屈死、彭德懷之被鬥，以及成千上萬高級頭目掛牌遊街等慘劇，光是知識分子和文藝工作者所受的摧折，就已駭人聽聞。老舍是怎麼死的，巴金為甚麼「懷念蕭珊」，都是活生生的教材和鐵證。

到了今天，陳映真還要為共產黨塗脂抹粉，其誰能欺？陳映真歷述資本主義的罪惡，可是，今天的俄羅斯採取的就是市場經濟的作法。中國大陸從闢建加工出口區，到大力引進外資和技術，向資本主義先進國家取經學習，所謂改革開放，與三四十年前臺灣採取的以出口為導向的策略大同小異。「一切向錢看」的風尚，和臺灣相比可謂五十步與百步之間。

## 正道不彰，所以邪說猖狂

所謂「皇民文學」，是漢奸文學的一支，屬於歷史的渣滓，陳映真對皇民文學的申討，深得我心。但他藉著批判皇民文學，貶抑中華民國政府，令人不平。陳映真指出，「反對美日帝國主義之間把中國領土釣魚臺私相授受的保釣愛國運動，受到國府徹底的鎮壓」。他是否知道，在中共和日本建交之後，北京對保釣運動採取甚麼態度呢？不是直到今天仍然奉行著「掛起來」，免得惹起爭議嗎？

在第二次大戰結束之後，先總統蔣公宣示了對日本「以德報怨」的政策。當時曾引起若干不同的反響。據四月七日《聯合報》報導，一九五〇年七月十九日，蘇聯曾將一批日本戰犯移交給中共。據中共調查統計，「這將近千名的戰犯，在侵華戰爭一共殺死九十四萬九千八百一十四人，燒掉房屋一萬九千五百零三處共四萬零六百七十二間，搶糧三千六百九十一萬四千八百九十九噸」。

周恩來一九五五年末指示，對日本戰犯的處理，不判處一個死刑，不判處一個無期徒刑。所以，在九百六十九名戰犯裡，後來祇有四十五名判刑，都沒有判無期徒刑以上的重刑。

周恩來是出於甚麼動機，根據甚麼理由，作出這樣的決定，有待後世史家作深入的探索。若從高層次的道德意境解釋，周恩來可算是「以德報怨」政策的忠實執行者。陳映真為了岸信介等人作過蔣公的座上客而加以詆毀，無法自圓其說。

「皇民文學論」想要翻案的企圖，注定失敗。今天，日本的「皇國少年」一代以及其附庸們，囂張乖戾的表現，一部分原因也要責備兩岸中國人自己不爭氣。正道不彰，所以才會邪說猖狂。

## 臺灣與大陸都在快速變化

中國應該統一，中國也必將統一；但必須統一在一個大多數中國人都能接受的體制之下。共產主義體制，依其數十年來的表現看，顯然沒有達到這個水準。

《時代》週刊為紀念創刊七十五週年的特刊中，舉出百年來影響歷史的一百個人，中國人入選的是毛澤東和王維林，王維林是在六四天安門事件時，隻身屹立，阻擋共軍坦克車隊前進的十九歲青年。

《時代》的選擇是否恰當，各方自有異同之見。在我看來，推翻帝制、創建民國的孫中山，和北伐統一、領導抗日的蔣介石，對歷史的積極影響和正面的貢獻高過毛澤東。

至於王維林的入選，象徵性意義自然遠超過實質的作用。一個赤手空拳的青年，敢於挺身而出，以自己的血肉之軀，來和坦克車群對抗，這是多麼大的勇氣和決心。王維林一個人的行動，生動地凸現了大陸同胞「時日曷喪，予與汝偕亡」的悲壯心情。

臺灣和中國大陸都在快速變化之中。我們希望雙方能在應天理、順人心的時代要求之下，走向自由民主的道路；經由雙方的良性互動，出現雨過天青的好景。小左派的一偏之論，不但無法令臺灣地區同胞心服首肯，渴望改革開放的大陸同胞，對於教條式的宣傳也早已厭棄，所以我願誠懇地勸告，醒悟吧，小左。

一九九八年四月廿二日「聯合報副刊」

# 高潮之後

高行健榮獲諾貝爾獎，又回到臺灣晤舊交，結新友，是文壇一大盛事與高潮；不過，在高潮之後，大家要冷靜地想想，尤其年輕而有志寫作的朋友們……

## 一

多年前，朋友送我一本精美的日記簿，逐頁都印好了年月日，不宜移作別用。封面上有燙金的姓名，自不可轉送他人。擺著擺著，越覺得它無用，也就越覺得它可惜，總得想個辦法，讓它「物盡其用」才好。

後來，我便在這本金邊精裝的簿子上，剪貼有關諾貝爾文學獎得主的資料。照片、新聞、傳略、評論等等，從一九八七年的俄裔詩人布洛斯基開始。那些年聯副主編瘂弦，也是詩人；訪問得獎人的任務，大多由鄭樹森擔任。《紐約時報》上麥克法丹（Robert D. McFadden）的專訪，都寫得很生動。保真報導評選經過〈諾獎風雲錄〉，莫昭平譯的《鄙棄樊籠的百靈鳥》，都使我大大加深了對這位流亡詩人的好感。偶然機緣，我曾與他有一面之雅，但並未認真讀過他的詩作。

從那年開始，我每年都把這項剪剪貼貼的工作當作了例行事項。雖未作到像傅斯年先生所說的「上窮碧落下黃泉，動手動腳找東西」，至少眼前所見，一一採擷，不要讓它成為過眼雲煙。

在我內心深處，隱藏著一個小小願望：我希望在這個三百多頁的本子貼滿之前，應該有一位中國作家的姓名出現——不管他是誰，不管他來自何方，也不管他寫了些甚麼，祇要是中國人就好，很癡的想法。

一年年的期待，一年年的失望，眼看著那本子就快要貼滿。回顧自一九八七年以來十多年間，有幾位的中選差強人意，也有幾位似乎未見怎樣傑出。擁有五千年文明、十多億人口，從《詩經》、《楚辭》、陶淵明、杜甫、李白、王實甫、羅貫中、曹雪芹……數不盡的經典傑作、文豪大師，而在諾貝爾獎的比賽中竟然沉寂無聲了百年之久，如何能令人心平氣和？

幸而有了高行健，我的第一個感想是：「中國作家終於打破了『百年孤寂』」，僅此一念，就覺得萬分興奮。

## 二

二〇〇〇年十月十二日一早，胡立台兄從臺北來電話，告訴我高行健得獎的喜訊，並囑我要及時趕一篇社論。因為臺北與美國西岸有十六個鐘頭的時差，我訂閱的《紐約時報》和《舊金山紀事報》上都還沒有來得及報導這個消息。立台告訴我一些傳略資料，有些我先前約略知曉，但並不甚確切。放下電話就先去幾家書店跑跑。中文圖書報章在舊金山地區的銷路都不錯，但高行健的作品以及有關他的資料，一本也沒有。後來好不容易在圖書館找到一本《彼岸》英譯本，是香港中文大學一九九九年出版的，前面有 Gilbert C. F. Fong 寫的序，是有份量的評述。但那書似乎從未有人借過。

為《世界日報》寫這篇社論，百感交集，一揮而就，大概是因為平日談論已多，胸臆間早就有一番話要說。據我所知，這是北美廣大地區第一聲回應得獎喜訊的……

近百年間，中國文壇許多位前輩，論其建樹與影響，未嘗不具有「諾」級的實力，但因種種原因被排除圈外。中國不幸，內憂外患頻仍，八年對日抗戰繼之以戰後的國共內戰，不僅造成半世紀來的對峙，也使得民族情感與文化陷於分裂的悲劇。連中國人自己都無法對「究竟誰是最好的作家」下定論，更何況是既不同文、又不同種的異族。文字障礙與意識形態，大大阻礙了中國文字橫向擴展的道路。高行健的作品能獲得諾貝爾文學獎評審諸公的青睞，他自認是命運使然。

就算真是完全憑運氣，也仍然值得大大慶賀；何況他的得獎畢竟有其本錢，不是偶然倖致。他是一個好作家，不過他比別人運氣更好一些。這應是公平的說法吧。

諾貝爾文學獎自一九〇一年頒獎，到二〇〇〇年恰滿百年。高行健是第一個中國作家得獎，所以我借用馬奎斯《百年孤寂》的書名，祝賀他獲此殊榮。中國人感受到的這份「孤寂」，終於打破了。

目前全球人口超過六十億，假定平均一千萬人裡有一位作家，全球便至少有六千位作家。每年要從六千人中挑選出一位得獎的人，要使各方欣然同意，深慶得人，是不可能的事。曾經參加過大大小小任何一級文學作品評選工作的人，一定都會有這樣的經驗，好難啊。

諾貝爾獎似乎從一開始就爭議多多。也可能主持其事者懷有強烈的願望，務求異軍突起，別樹新幟；對那些早已名滿天下的大手筆們敬而遠之。第一屆得主是法國的蘇利—普里東；法蘭西學院的院士。當時文藝界矚望的則有托爾斯泰、左拉、易卜生、班生、史溫朋，以及顯克維支。這幾位大師級作家，作品的質與量，皆非普里東所能比。

到了第二屆，托爾斯泰在各國崇拜者支持下正式提名，但瑞典學院的常任秘書，也就是實際籌備評選的威爾生，卻發表了一篇談話，一面稱讚托翁的確是非常偉大的文豪，一面說不過很不幸，托翁對道德表露出一種懷疑的態度。還有，他是一名文學家，對宗教缺乏深刻的認識，卻公然批評《聖經》。此君更有一套奇怪的邏輯，一面稱讚托翁若獲頒獎，當之無愧，可是，若真頒給他，諾貝爾象徵的「理想主義」必然要助長他那種革命性訓誡的氣勢，瑞典學院不願看到那種事情發生。威爾生的解釋，在當時已被譏為強辭奪理，後世看來更是一場笑談。托爾斯泰那年憤而退出角逐，成為諾貝爾文學獎無可彌補的缺憾。而托爾斯泰的作品，傳誦至今，依然被文學界奉為經典。瑞典學院的作法，似乎是矯枉過正。如果連托翁悲天憫人的理想主義，也被視為離經叛道，未免過於拘泥了。

三

從這個角度觀察，諾貝爾這一屆的選擇，可謂煞費苦心。想必主事者也已想到，辦了一百年，選來選去，佔世界四分之一人口的中國作家竟然始終無份，這個缺憾應當及早彌補。但要選出一位中國作家來實在是不容易，「歌功頌德」固然不可，太過「理想主義」也有所不便；大陸、臺灣、海外，似乎都會受到挑剔。旅居巴黎的高行健，可說是在這困難重重的夾縫中出現的最佳折衷。儘管他已入了法國籍，但在他自己內心深處，以及在中外讀者群的心目中，他絕對是一個中國人、百分之百的中國作家。他的作品就是最好的證明。

高行健得獎之後，大陸官方的反應十分冷淡，而且公然以「非我族類」加以排斥。反觀如李政道、楊振寧等許多位自然科學的得獎人，其實也大都具有外國國籍，中共卻對之執禮甚恭，奉為上賓，不敢稍有挑剔。厚於彼而薄於此，真令所有用中文寫作的人為之心寒。作家真是這麼可怕嗎？

高行健自謂他不要做革命家或顛覆者，他並不喜歡「反共作家」這樣的標籤；可是，他的「威力」依然使得大陸的「領導們」轉側不安，對他冷嘲熱諷之外，對作品也全面封殺。

還有未具名的發言人說，「大陸上比高行健更有資格獲諾貝爾獎的作家，至少有兩百人」。這是小兒鬥嘴負氣的口吻，不值識者一笑。在寫作天地中，用不上「以多取勝」的人海戰術。

中共對高行健的敵視，也非完全沒有道理，因為他的作品遲早會在大陸通行。「當權勢需要製造幾個敵人來轉移民眾注意力的時候，作家便成為一種犧牲品。而更為不幸的是，弄暈了的作家竟也以為當祭品是一大光榮」。高行健看得很透徹，他並不把當祭品作為光榮。但他作品的影響是阻擋不住的。

在讀過了他的幾本主要作品之後，我得到這樣的印象：

第一、如果沒有中共的統治，尤其是自一九六六年到一九七六年的文化大革命，高行健的許多作品都寫不出來；沒有那樣刻骨銘心的經驗和體會，他無法寫得那樣深刻。

第二、如果沒有一九八九年天安門血案，高行健也許和百年來的中國作家一樣，與諾貝爾獎無緣。

高行健在〈得獎的理由〉得獎講詞中，一開頭兒便說，「我不知道是不是命運把我推上這講壇，由種種機緣造成的偶然，不妨稱之為命運」。這是他自謙之辭，但這機緣命運之說，當然包括文革與天安門的記憶在內。

而這正是中共最大的忌諱；高行健的作品，雖然在他自己定下的「超越政治」的原則下，依然具有反映時代的歷史意義。

由於是百年來第一位得獎的中國人，也許大家對他的期待過於殷切。中國人受了這麼多的苦難劫磨，應該產生像巴斯特納克的《齊瓦哥醫生》和索忍尼辛的《一九一四年八月》那樣大氣磅礴的史詩式巨著，高行健選擇的是另一種形式：用斷續的小品表達出億萬人的沉哀。像碎玻璃，同樣能扎出血來。

作為讀者，我們有所不滿；然而，作為比較成熟的讀者，更該設身處地去揣摩他的心情，當他孤軍奮鬥、隻手與這個充滿了冷漠與敵意的世界周旋時，他所採取的是適合他自己的，也更能盡傾肺腑的方式。在夾敘夾議之中，讓讀者追索他的感受與掙扎。

高行健有不少重要作品完成於一二十年之前，在他獲獎之前，有多少人認真地拜讀他的作品？他避世高蹈、千山獨往的心情，又有多少人體會得出呢？他在與不可知、不確定的命運奮戰。

## 四

高行健作品最受指摘的，是某些露骨的情欲描寫。《一個人的聖經》受到的批評最多。在臺灣，中生代的保真評論這本書，認為高行健得獎「名過其實」；書中主角有似庫伯利克的《發條橘子》，一部性機器。

當高行健回到臺灣時，受到各方熱烈歡迎。在參加一次書展時，剛好有一個日本妙齡女優，因為來臺宣傳中文版「自傳」，也到場為讀者簽名，轟動一時。有一位曾被影射為「北港香爐」的女作家說，「這是乳房的勝利」。在報端看到這樣的報導，覺得很氣悶，也為高行健不平，這未免太蹧蹋作家了。

《一個人的聖經》裡的確有些段落赤裸裸得可觀，若說文學的要素祇在語言藝術，無需顧到道德影響，寫作的自由可以擴大到放縱自我的程度，似乎過分了吧。

然而，我仍願為高行健辯護，他該不是祇靠「那一套」取媚世俗。試看他的短篇〈花豆〉，在那烈火狂飆中的悲歡離合，寫得多麼生動悽愴。收在《給我老爺買魚竿》那個集子裡十七篇作品，完成於一九八〇年到一九八六年間，正是高行健四十出頭時留下的力作。我建議讀者先讀這些短篇和劇作，再讀《一個人的聖經》，然後《靈山》，也許更容易理解作者的心路歷程。

老友王藍久病初起，遠道來電話，談的全是高行健。我們都為終於有中國作家得了諾貝爾獎而興奮，但又覺得高行健被人有意無意地歸為「乳房的勝利」那一層次而感到遺憾——也許我們的想法太老式、太落伍了吧。

新年假期前，寫信給夏志清先生賀年，順便談到喬伊斯的《尤利西斯》。好幾位著名人文學者在總結二十世紀人類的各項成就時，都推許這本書是「百年間最好的一部小說」。可是我讀來讀去讀不出甚麼味道，我覺得他遠不及托爾斯泰，更不必說曹雪芹。「暴得大名」是幸還是不幸，那些專家的推崇是否「英雄欺人」？

同時我也提到高行健，我以為《靈山》比《尤利西斯》還好懂些。我很希望夏先生能再揮大筆，作一番超然的評鑑，像對張愛玲和姜貴那樣條分縷析，讓更多的人真正欣賞到高行健的好處，不要像《尤利西斯》那樣，叫好歸叫好，不懂還是不懂，有何意思？

夏先生回信上說，「再過兩個月，就是我八十歲的生日」，此後要多享清福，不宜再埋首寫作了。他有一篇評張賢亮的文章，尚未完成。他的信使我惘惘然久之。

## 五

五十多年前，我在北平讀初中。散文大家周作人被日本人勒令出場，擔任偽政府的「教育總署督辦」；也許因為他的關係，國文課本裡還選有魯迅的作品，有一課題目似是〈秋夜〉。其中有幾句——

「窗外有兩棵樹，一棵是棗樹，還有一棵，也是棗樹。」

下一週作文卷子發下來，全班幾乎有一半的人都套上了這個公式。如：

「校門口有兩個熱湯鍋挑子，一個賣的是餛飩，還有一個，賣的也是餛飩。」

這與老師平日教導的大大不合：「行文貴簡潔，一句話講得清楚的，就不要用兩句。」可是，魯迅是大名家，作品選入課本，學學有何不好。老師也覺得啼笑皆非，如說，「魯迅可，汝輩則不可」，不足以服人。學生們的反應是，「魯迅這樣寫，我們為何就不可以這樣寫？」

我擔心的是，高行健的作品中某些部分，會被人刻意模倣，甚至有人會挾高行健以自重，發生了「也是一棵棗樹」那樣的連鎖反應。

我猜想（當然祇能是猜想），高行健到法國以後的創作，除了要大膽創新之外，也可能有一種反壓抑的「報復」心態，譬如寫到小林，是解放軍軍官的妻子等等，至於猶太女子瑪格麗特，似乎是墮落西方女性的一個象徵，世紀末的情感，無視現實，一晌貪歡。

最近看到報上說，臺北一般書局陳列販售的言情小說共一百二十本，其中有一百一十本內容十分聳動，都是露骨的性愛描述。據中華民國出版品評議基金會估計，每個月新上市的這類言情小說達四百萬本。在出版法廢止之後，已經無法可管。該基金會也祇能呼籲出版界拿出良心來云云。

當然，這種現象的出現，並非始自今日；更與高行健無關。可是，相信那些作者與出版者之中，一定有人會振振有詞地說，「高行健的《一個人的聖經》描寫性愛，他能得獎，為甚麼我們不可以那樣寫？」

高行健榮獲諾貝爾獎，又回到臺灣晤舊交，結新友，是文壇一大盛事與高潮；不過，在高潮之後，大家要冷靜地想想，尤其年輕而有志寫作的朋友們，要好好地細讀〈文學的理由〉，學他的好處，而不要以高行健為「保護傘」，遮掩自己的缺點。超越不該是冷漠，自由不該是放任，諾貝爾獎是理想主義的發揚，不該流為「乳房的勝利」。

瘂弦有兩句話意思深長，他說，「二〇〇〇年的諾貝爾獎給了中國作家，嫌晚了。給了高行健，卻嫌稍早了一點兒。」這是很真摯的期待與祝福。以高行健的聰明才智，以及他背負著民族大難十字架的經歷，再接再厲，應可繼續創造更偉大的作品，震鑠人寰。

高行健六十歲得獎，以現代人的標準而言，仍屬盛年。「只要有人寫作，文學就不會死亡」。同樣的道理，一個作家能繼續耕耘，寫作不輟，未來的文學生命不會死亡，而且有更上層樓的機會。我願這樣祝福他。由於那扇門已經打開，相信定有更多的中國作家摘下桂冠，為中華民族的文學吐氣揚眉。

二〇〇一年四月九日「聯合報副刊」

# 好書推介

## 223　與自己共舞　簡宛

「與自己共舞，多麼美好歡暢的感覺！」旅居海外的簡宛，以平實真誠的筆調，與讀者分享「接納自己、肯定自我」的喜悅。書中收錄作者多年來與自己共舞的所思所感，包含對婚姻、家庭、自我成長的探討，值得您細細品味。

## 224　夕陽中的笛音　程明琤

我們可從本書領略程明琤對於生命的思索與感受，對於文化的關懷珍視。她能以廣闊的角度引領讀者去探索藝術家的風範和多彩的人文景致。讀她的文章不只是欣賞其行文遣字的氣蘊靈秀，真正觸動人心的是她對眾生萬相所付注的人文情懷。

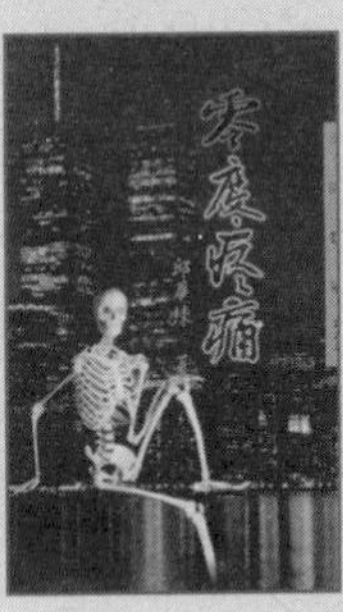


## 225　零度疼痛　邱華棟

「我發現我已被物所包圍，周圍一個物的世界，它以嚇人的速度在變化更新，似乎我的生活已經事先被規定、被引導、被制約、被追趕。」作者以魔幻的筆法剖析現代人被生活擠壓變形的心靈。事實上，我們都是不同程度的電話人、時裝人、鐘錶人……

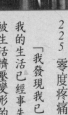

227 如果這是美國　陸以正

面對每天新聞報導中沸沸揚揚的各種話題，您的感想是什麼？是事不關己的冷漠？還是無法判斷是非的茫然？不妨聽聽終身奉獻新聞與外交事務的陸以正大使，如何以其寬廣的國際觀點，告訴您「如果這是美國……」

228 請到我的世界來　段瑞冬

從七〇年代窮山惡水的貴州生活百態，到瑞典中西文化交流的感觸，最後在學成歸國的喜悅中，驚覺中國物質與思想上的巨大轉變，作者達觀的態度及詼諧的筆調，好像久違的摯友熱情地對我們招手：「請到我的世界來！」

231 與阿波羅對話　韓　秀

自遠方來，我在陽光的國度與阿波羅對話。秋日午後的愛琴海波光粼粼，反射生命的絕代風采。這裡是雅典，眾神的故鄉，世人的虛妄不過瞬眼，胸臆間卻永遠有激情在湧動。殿堂雖已頹圮，永恆卻在我心中駐紮。

232 懷沙集　止　庵

「樹欲靜止而風不止，子欲養而親不待」。作者將對逝去父親的感念輯成本書，從生活不經意的言談中，挖掘出文學、生活的真諦。作者樸實的文筆，在現代注重藻飾的文壇中像嚼蘿蔔，別有一股自然的餘味。

## 233 百寶丹

曾焰

百寶丹，東方國度的神奇靈藥，它到底有多神妙？一部結合中國傳統藥理與鄉野傳奇的長篇小說，一個身世坎坷、際遇不凡的傳奇人物。且看身世坎坷的孤雛，如何歷經幼年的變故、青年的恩遇、成年的愛恨，終於成為濟世名醫。

## 234 矽谷人生

夏小舟

生命流轉，人只能隨波逐流。細心體會、聆聽、審視才能品嘗出人生的況味。從中國到美國，從華盛頓到矽谷，傳統與現代，寧靜與繁華，作者以雋永的文筆，交織出大城市裡小人物不平凡的際遇和生活中發人省思的啟示，引領讀者品味異國人生。

## 235 夏志清的人文世界

殷志鵬

在自己的婚禮上，會說出「下次結婚再到這地來」的，大概只有夏志清吧！他以其堅實的學術專業，將現代中國小說推向西方文學的殿堂，他蓄滿對生命的熱情，打了兩次精采的筆仗……快跟著我們一起走入他的人文世界吧！

## 238 文學的聲音

孫康宜

聲音和文字是人們傳情達意的主要媒介，然而聲音已與時俱逝；動人的詩篇卻擲地有聲，如空谷迴響，經一再的傳唱，激盪於千古之下。本書作者堅持追尋文學的夢想，用心聆聽、捕捉文學的聲音，穿越時空的隔閡與古人旦暮相遇。

241 過門相呼　黃光男

敏感於事物變換的旅者，洋溢著詩情的才華，細心捕捉歷史上的古拙韻味，透析了社會發展的步履，讓人宛如置身於包羅萬有的博物館裡。如果你厭倦了匆忙的塵囂，請翻開此書，讓典雅的文句浮載你到遠方，懷擁「過門更相呼，有酒斟酌之」的情境。

242 孤島張愛玲　蘇偉貞

張愛玲整個的生命就是從一座孤島到另一座孤島的漂流。她在香港這座孤島的創作，承續了大陸時期最鼎盛的創作力道，是轉型到美國時期的過渡階段。藉由作者的引導，帶您看看張愛玲這段時期小說的意涵及影響。

243 何其平凡　何凡

還記得那段玻璃墊上的日子嗎？在聯合報連續撰寫專欄逾三十年，何凡，以九十二歲的高齡，將這十年間陸續發表的文章集結成這本書。謙虛的他取其筆名的含意，將這本小書命名為「何其平凡」，獻給品味不凡的——您。

251 靜寂與哀愁　陳景容

畫家陳景容在本書中除了信手拈來的小品，更為您細數過去重要作品的點點滴滴，不論是濕壁畫、門諾醫院的嵌畫或是平日創作的版畫、油畫、彩瓷畫等，彷彿讓您親臨創作現場，一同見證藝術的誕生。

### 253 與書同在　韓秀

臺灣一年有多少本書面世呢？三——〇〇〇〇以上，沒錯！四個零。面對書山書海，您是否有不知該如何選書的困擾？與書生活在一起的作家韓秀，提供給愛書朋友們一份私房閱讀書單，帶領讀者超越時空的藩籬，進入書的世界裡。

### 254 用心生活　簡宛

生活之於你，是否已如喝一杯無味的水，只是吞嚥，激不起大腦任何感動；有人卻不如此。簡宛以一顆平實真摯的心，不斷地於生活中挖掘出新的滋味，記錄她對朋友的關懷，旅途上的見聞感想，對世事的領悟與真情的感動，與您分享。

### 255 食字癖者的札記　袁瓊瓊

當您闔上這本書前，眼角餘光還會掃到這一小塊文字，恭喜！您罹患了一種精神官能症——「食字癖」。發作初期會對文學莫名其妙地熱中，到了末期，則有不讀書會死的焦慮。此病無藥可醫，只能以無止盡的閱讀緩解症狀。這本書提供末期的您，啃食。

### 258 私閱讀　蘇偉貞

私之閱讀，閱讀之思。寫書、讀書、評書，與書生活在一起的「讀書人」——蘇偉貞，以獨特的觀點，在茫茫書海中取一瓢飲，提供您私房「讀」品，帶您窺伺文字與靈思的私密花園。

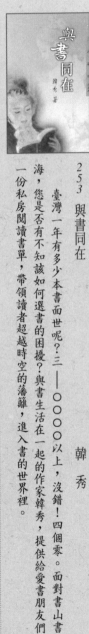

國家圖書館出版品預行編目資料

在心集／彭歌著.－－初版一刷.－－臺北市；三民，2003
面；　公分－－(三民叢刊. 263)
ISBN 957-14-3807-3　(平裝)

1. 論叢與雜著

078　　92004830

網路書店位址　http://www.sanmin.com.tw

© 在　心　集

著作人　彭　歌
發行人　劉振強
著作財產權人　三民書局股份有限公司
臺北市復興北路386號
發行所　三民書局股份有限公司
地址／臺北市復興北路386號
電話／(02)25006600
郵撥／0009998-5
印刷所　三民書局股份有限公司
門市部　復北店／臺北市復興北路386號
重南店／臺北市重慶南路一段61號
初版一刷　2003年5月
編　號　S 85662-0
基本定價　貳元肆角
行政院新聞局登記證局版臺業字第〇二〇〇號

ISBN　957-14-3807-3　(平裝)